# 西方古典经济思想论战解析

XIFANG GUDIAN JINGJI SIXIANG LUNZHAN JIEXI

赵严冬　郑　丽◎著

长春出版社
全国百佳图书出版单位

**图书在版编目（CIP）数据**

西方古典经济思想论战解析 / 赵严冬, 郑丽著.
--长春：长春出版社, 2023.1
ISBN 978-7-5445-6963-7

Ⅰ.①西… Ⅱ.①赵… ②郑… Ⅲ.①经济思想—研
究—西方国家—古代 Ⅳ.①F091.1

中国版本图书馆CIP数据核字(2022)第244847号

## 西方古典经济思想论战解析

著　　者　赵严冬　郑　丽
责任编辑　张中良
封面设计　宁荣刚

出版发行　长春出版社
总 编 室　0431-88563443
市场营销　0431-88561180
网络营销　0431-88587345
地　　址　吉林省长春市南关区长春大街309号
邮　　编　130041
网　　址　www.cccbs.net

制　　版　长春出版社美术设计制作中心
印　　刷　三河市华东印刷有限公司

开　　本　787mm×1092mm　1/16
字　　数　105千字
印　　张　10.5
版　　次　2023年1月第1版
印　　次　2023年1月第1次印刷
定　　价　68.00元

# 前　言

　　笔者从大学时期开始学习经济学思想及理论，博士毕业后作为教师继续从事经济学的教学与研究工作，并长期讲授经济学说史等课程。在多年的教学过程中笔者发现，关于经济学思想理论史的教材体系大都以时间作为单一维度的轴，将经济思想及理论学说以类似历史课的形式进行展示，经济学家们按照时间顺序粉墨登场，各自将理论学说表演一番，虽有你方唱罢我登场的热闹，但大都走马观花，浅尝辄止。只是将各自的理论学说简单介绍一下，做个开场白就基本到此为止了。

　　这种形式具有一定的局限性：首先，主要内容更多是介绍各类经济理论学说，对于经济学思想即使有表达也少有深入展开；其次，对经济学家们、经济学各个流派以及相应的经济学思想理论之间的批判、论战很少涉及，各个流派之间少有甚至没有交集，虽然单个经济学家或流派的思想理论可以成体系介绍，但相互之间并无或很少产生关联，导致整个课程体系的各个部分缺少联系，非常松散。当然，在有限的课程时间和教材篇幅中确实无法将整个经济学思想史的波澜壮阔，如史诗般的精彩完全扩展开来，但也错过了经济学最精彩、最有趣味、最能体现经济学智慧的精华部分，只剩下了目录性质的枯燥无味的流水账。以至于淡化了经济思想发展的根本逻辑即否定之否定的扬弃过程，给人一种经济学以及经济思想就是按部就班，随着时间传承发展、不断进步的错觉，掩盖了经济学史不断批判、反思与论战的无比激烈的思想与智慧的碰撞过程，这不能不说是一个遗憾。

有鉴于此，笔者总结多年的教学与研究心得，尝试以经济思想为主线，聚焦到经济思想史上最有代表性的同时至今仍无定论的思想理论上，围绕这些思想理论展开论战，在论战的过程中展示各个经济学家、经济学流派思想的深度、高度、广度。并借此揭示经济学思想论战的根源，展示经济学最美妙的部分，完成对经济学思想理论学说史的补充与升华。本书选取了一系列论战辩题，让古今中外的经济学大家们以辩论赛的形式展开跨越时空的论战。尤其会在论战中让读者体会为什么马克思的经济学思想能够光耀千古，独步古今。

篇幅所限，本书只选取了具有代表性的古典经济思想、货币思想以及危机思想的论战，而实际上经济学发展的每一步，任何一个理论学说的建立往往都是思想的批判与升华的过程。本书是笔者的初步尝试，希望能够抛砖引玉，引发读者对经济学思想论战的兴趣与反思。

　　最后以本书纪念我的导师杨惠昶教授，是他带我进入了经济学的殿堂，在我最迷茫的时候给我指明了方向，他当年提出的有关货币需求思想理论的问题我经过近二十年的思考终于有了初步的答案，可惜已经无缘再向他老人家请教了，只能记录在本书中作为对恩师的纪念。愿他老人家在天堂安好！

# 目　录

# 第一章　经济思想史是一部论战史

中华民族有着灿烂辉煌的历史，也经历过从强大到衰落的痛苦，甚至在近代一度面临列强欺凌、亡国灭种的危机。于是我们明白了落后就要挨打的道理，我们认识到了发展经济、提升国力的重要性，更加理解了学习和运用经济学思想和理论的重要性。

## 第一节　经济思想的意义

毛泽东同志指出："就是不要割断历史。不单是懂得希腊就行了，还要懂得中国；不但要懂得外国革命史，还要懂得中国革命史；不但要懂得中国的今天，还要懂得中国的昨天和前天。"[①] 这就要求我们放眼世界，取各家所长，补己之短。本研究

---

[①]　毛泽东选集（第3卷）[M]. 北京：人民出版社，1991：801.

从 1492 年哥伦布发现新大陆到凯恩斯去世后的 434 年里，探讨西方经济是如何崛起的。同时，这段时间正是中国从明朝初期的郑和下西洋到抗日战争时期，也是中国经济由强大逐步走向落伍的时期。

凯恩斯曾经说过："经济学家和政治哲学家的思想，不论他们是在对的时候还是在错的时候，都比一般所设想的要更有力量。的确，世界就是由他们统治着。讲究实际的人自认为他们不受任何学理的影响，可是他们经常是某个已故经济学家的俘虏。在空中听取灵感的当权的狂人，他们的狂乱想法不过是从若干年前学术界拙劣作家的作品中提炼出来的。我确信，和思想的逐渐侵蚀相比，既得利益的力量是被过分夸大了……但是，不论早晚，不论好坏，危险的东西不是既得利益，而是思想。"①这话是有道理的，思想家与国王或皇帝相比，虽然他们没有国王和皇帝手中的至高无上的权力，没有江山社稷，但是思想家们的思想就是看不见的魔杖，可以使国王或皇帝跟着他们的魔杖走；思想家虽然没有元帅和将军号令三军的威武，但是思想家的思想威力胜过百万雄兵。亚当·斯密、马克思、凯恩斯的名声之大，早已胜过世界大战中的英雄。正因为这一点，我们要认真研究经济思想史。

当年欧洲经济崛起是因为亚当·斯密、马克思、凯恩斯的经济思想横空出世。中国当年经济落伍，是因为我们思想落后。邓小平说得好："因为现在任何国家要发达起来，闭关自

---

① 凯恩斯. 就业、利息和货币通论 [M]. 北京：商务印书馆. 1999：396—397.

守都不可能。我们吃过这个苦头,我们的老祖宗吃过这个苦头。恐怕明朝明成祖时候,郑和下西洋还算是开放的。明成祖死后,明朝逐渐衰落。以后清朝康乾时代,不能说是开放。如果从明朝中叶算起,到鸦片战争,有三百多年的闭关自守,如果从康熙算起,也有近二百年。长期闭关自守,把中国搞得贫穷落后,愚昧无知。中华人民共和国成立以后,第一个五年计划时期是对外开放的,不过那时只能是对苏联东欧开放。以后关起门来,成就也有一些,总的说来没有多大发展。"① 今天中国经济和平崛起的起点改革开放正是依据邓小平经济思想与理论的科学指导。

## 第二节　经济、经济学与经济思想

经济思想的伟大意义毋庸置疑,要研究经济思想就必然要研究经济思想的发展史,这就要从经济和经济学说起。

### 一、什么是经济?

马克思于 1846 年 12 月 28 日致巴维尔·瓦西里也维奇的信中提出了经济的范畴包括生产、消费和交换这三个领域。② 马克思在《资本论》第二卷中指出:"人们把自然经济,货币经济

---

① 邓小平. 邓小平文选(第 3 卷)[M]. 北京:人民出版社,1993:90.
② 马克思恩格斯《资本论》通信集 [M]. 北京:人民出版社,1976:17.

和信用经济作为社会生产的三个具有特征的经济运动形式而互相对立起来。"①

按照马克思的定义，自然经济是没有交换的自给自足经济，是实物经济；货币经济是贸易经济，是以货币为价值尺度和流通手段的交换经济。既包括国内贸易，又包括国际贸易；信用经济是金融经济，是在生产和贸易之外以货币为资本的借贷经济，既包括国内金融，又包括国际金融。

关于这三种经济范畴，马克思在《资本论》第二卷中有详细的论述："第一，这三个形式并不代表对等的发展阶段。所谓信用经济本身只是货币经济的一种形式，因为这两个名词都表示生产者自身间的交易职能或交易方式。在发达的资本主义生产中，货币经济只是表现为信用经济的基础。因此，货币经济和信用经济只适应于资本主义生产的不同发展阶段，但绝不是和自然经济对立的两种不同的独立交易形式。第二，因为人们在货币经济和信用经济这两个范畴上强调的并且作为特征提出的，不是经济，即生产过程本身，而是不同生产当事人或生产者之间同经济相适应的交易方式，所以，在考察第一个范畴时，似乎也应该这样做。因此，似乎应该是交换经济，而不是自然经济。……第三，货币经济是一切商品生产所共有的，产品在各种各样的社会生产机体中表现为商品。这样标志着资本主义生产特征的，似乎只是产品以怎样的规模作为交易品。作为商品来生产，从而，产品本身的形成要素以怎样的规模必须作

---

① 马克思.资本论（第2卷）[M].北京：人民出版社，2002：133.

为交易品，作为商品再进入生产它的经济中去……货币关系，买者和卖者的关系，成了生产本身所固有的关系。但是，这种关系的基础是生产的社会性，不是交易方式的社会性质。"①

## 二、什么是经济学?

### (一)亚当·斯密给经济学下的定义

著名的古典经济学家亚当·斯密给经济学下的定义是："被看作政治家或立法家的一门科学的政治经济学，提出两个不同的目标:第一，给人民提供充足的收入或生计，或者更确切地说，使人民能给自己提供这样的收入或生计;第二，给国家或社会提供充分的收入，使公务得以进行。总之，其目的在于富国裕民。"②斯密对经济学的定义比较纯粹，其任务就是富国裕民，增加收入。

### (二)马克思给经济学下的定义

马克思指出："政治经济学所研究的材料的特殊性，把人们心中最激烈、最卑鄙、最恶劣的感情，把代表私人利益的复仇女神召唤到战场上来反对自由的科学研究。例如，英国高教会宁愿饶恕对它的三十九个信条中的三十八个信条展开的攻击，而不饶恕对它的现金收入的三十九分之一进行的攻击。"③

马克思这段话的意思就是说，经济学中的"人"不是抽象

---

① 马克思. 资本论（第 2 卷）[M]. 北京：人民出版社，2002：133.
② 亚当·斯密. 国民财富的性质和原因的研究（下卷）[M]. 北京：商务印书馆，1996：1.
③ 马克思恩格斯全集（第 23 卷）[M]. 北京：人民出版社，1972：12.

的"人",而是经济利益的承担者,经济学就是要把经济人在商场上追求自我利益时,心中所具有的最激烈、最卑鄙、最恶劣的感情揭示出来,就是要将经济人把商场当战场,为了追求自我利益,像复仇女神一样拼死争斗的行为揭示出来。经济人像教主一样虚伪,教主表面虔诚,笃信教义,实际上爱财如命,他们可以允许别人对他 39 条教义中的 38 条进行攻击,但决不允许别人将他的现金收入的 1/39 拿走。资产阶级则比教主更为诚实,它使人之间除了赤裸裸的利害关系,除了冷酷无情的"现金交易",就再也没有任何别的联系了。它把宗教虔诚、骑士热忱、小市民伤感这些神圣的情感,淹没在利己主义打算的冰水之中。它把人的尊严变成了交换价值,用一种没有良心的贸易自由代替了无数特许的和自力挣得的自由。

(三)萨缪尔森给经济学下的定义

当代著名经济学家萨缪尔森给经济学下的定义是:"经济学是研究人和社会如何做出最终选择,来使用或不使用货币的情况下,来使用可以有其他用途的稀缺的生产性资源在现在或将来生产各种商品,并把商品分配给社会的各个成员或集团以供消费之用。它分析改善资源配置形式所需的代价和可能得到的利益。"[①]

萨缪尔森定义的经济学是一门选择的科学,研究人和社会使用或不使用货币的情况下对其有用途的稀缺的生产性资源如何做出最终选择,可以在现在或将来生产各种商品,并把商品

---

① 保罗·萨缪尔森. 经济学(第 10 版)(中文版)[M]. 北京:商务印书馆,1979:5.

分配给社会的各个成员或集团以供消费之用。经济学分析改善资源配置形式所需的代价和可能得到的利益。这个定义也是当代主流经济学教材都在使用的经典定义。

### 三、经济学与经济思想

亚当·斯密、马克思、萨缪尔森对经济学的解释各有不同。但他们共同认为：经济学就是研究人们在遵纪守法的情况下，从追求自我利益的目的出发，在同别人相互交换的过程中，实现和增加自己福利和财富的同时，自然而然地也实现和增加别人的福利和财富；在实现和增加全社会的福利和财富，实现和增加国家的总体经济实力的学问。

这是我们研究经济思想史的指导思想。我们从古代经济思想出发一直研究到当代经济学思想，跨越二千多年的历史。只要我们坚持这个指导思想，我们就会从错综复杂的经济关系中，理清经济思想发展思路，认清经济发展规律，参与经济实践，为我国的经济发展做出贡献。

### 四、经济学与数学

近代经济学家们一直希望尽力让经济学靠近数学体系，用数学的方法研究经济学，但在数学学科体系中很难找到经济学中处处充满争论的情况，理工学科大都会就一些基本思想、理论达成一致，争论主要存在于学科前沿，而争论的结果更可能的情况是在新的高度上重新达成一致。但经济学从学科基础一直到学科前沿都充满争议，各种论战始终充斥着经济学的发展历史，争论的结果往往是愈发背道而驰、针锋相对甚至截然相反。于是，无论对经济学的学习还是运用经济学进行学术研究都会面临这种窘况。举个简单的例子，经济运行到底应该靠市场还是靠政府，这个看似最简单的问题吵了几百年至今没有定论，始终没有一个大家公认的结论，相信这种争论会随着人类的历史一直延续下去。笔者也从作为一个学生学习经济学开始一直到成为一个老师研究讲授经济学，对此体会颇深，经济学最大的困惑在这里，而经济学最大的魅力恐怕也在这里，只不过现在很少有人去深入挖掘。因为今天的经济学迫切地希望与数学联姻，而经济学自身的根基也就是经济学的思想正在被逐渐不同程度地淡化。经济学思想的粗糙性、冲突性在与数学模型的精致性、完美性的碰撞过程中完败于后者。经济学在数学化的过程中，经济学的思想性、思考性、艺术性逐渐丢失。无可否认，当代经济学的发展必须运用越来越多的数学工具与数学模型，但再完美的模型终究是工具，就像经济学永远不能被称为数学的一个分支，模型与公式的背后是经济学的思想与理论学说在支撑。数学与经济学的融合当然是大势所趋，但在这个碰撞融合的过程中经济学思想不能被抛弃，否则就会出现今天经济学的学术研究中充斥着各种数学模型，大数据时代精致的模型计算被人们推崇备至，以至于背后的经济学思想往往无人问津，很多模型结果自相矛盾，南辕北辙，无法自圆其说，甚至因果都无从界定。等于用数字工具否定了思想，完全的本末倒置。在经济学的教学过程中，如果没有对经济学思想的学习，会导致学生对于各种数学模型一头雾水，不知所云，学了几年的经济学，连基本的现实经济现象、经济问题都不了解、不理解，甚至对经济学完全无法入门，而这种情况并不是个例或偶然。写了这么多有感而发的体会之后，还是要回到经济学的根本——经济思想上来，以经济思想为本，兼容并包其他学科的长处，恐怕才是正道。举个不太恰当的例子，本门武功还没有入门，就要融合其他门派武功的精华，可能对大多数经济学者来说都有走火入魔的风险，至少研究出来的东西会不伦不类，以其追逐名利可以理解，但这恐怕难以成为真正的经济学研究。

## 第三节　经济思想论战无处不在

深入学习过经济学的人会有这样一个体会，经济学与其他学科存在明显的不同之处，就是经济学的理论、学说处处都存在争议与争论，几乎在经济学所有的分支领域都存在这种现象，似乎没有任何一种理论学说或者思想可以放之四海而皆准，被所有人无条件接受。更加让人费解的是，几乎任何一个经济学问题都可以轻松找到完全不同乃至根本对立的思想、理论与学说，如果一种理论说"黑"，那么肯定能找到另一种理论说"白"，如果一种学说认为"涨"，肯定有另一种学说认为"跌"。这种情况在其他学科中并不常见。

## 一、经济思想论战原因

经济学为什么会从其诞生开始一直到今天不停地进行各种论战，其原因是复杂多样的。首先我们要引入"证伪主义"的概念。所谓"证伪主义"，是由英国哲学家波普尔提出的，这里我们不对其原理本身做过多分析，那是哲学家们的任务，我们只引用其结论，就是科学的理论和命题不可能被经验证实，只能被经验证伪。也就是说只有理论上可能被证明是错的理论才是科学的理论。之所以引入证伪主义，因为经济学的发展史就是经济学思想、理论与学说的发展史，几乎每一个新学说的提出都是对之前学说的批判甚至否定，经济学是在不断被证伪的过程中发展起来的，也会在不断证伪的过程中发展下去。恩格斯认为，"科学的发展就是一部新谬论代替旧谬论的历史，但新谬论更接近于真理"。[①] 至此读者会有很多疑问，经济学的发展史为什么会是这样一个过程，我们印象中各个学科的思想理论往往是在丰富完善前人思想理论基础上发展起来的，都是添砖加瓦、不断丰富的过程，大多数理工学科都是如此。为什么到了经济学这里就成了不破不立，先把前人辛苦搭建的大厦拆个干净然后从头再来，这是何苦？这就得从头说起了，先要回到经济学本身，经济学到底是理工学科还是人文学科？前文提到过经济学一直拼命把自己打扮成理工学科类，想方设法要和数学

① 马克思恩格斯全集（第4卷）[M]. 北京：人民出版社，1972：485.

攀上亲戚。但经济学研究的是经济，经济归根到底还是人，所以经济学的先天决定了它的本质是属于人文学科。一说到"人"问题就复杂了，俗话说人心最难测，比如你最了解的人应该是你自己，而你最不了解的人可能还是你自己。二十岁的你回忆十岁的你感觉很幼稚，五十岁的你可能会否定二十岁的你的很多想法。经济学也是如此，否定之否定是经济学发展不可避免的过程。

读者可能会问，能不能直接给我一个绝对正确的经济学思想理论？我们对论战没有兴趣，当今时代是快餐时代，超过五分钟的视频都没人有耐心看完，大家希望经济学拿来就能用，十分钟学个理论马上就能在股市赚钱。于是网站上各种财经类视频火爆，流量大师们粉墨登场。几乎没人有时间、有精力、有耐心、有兴趣关心经济学的思想，更别提论战了。这是快餐时代的无奈，廉价的获得感代替了思想的深度与思考的苦中作乐。对此笔者无意嘲讽，只是感觉遗憾，同时只能对这类读者抱歉，因为对于经济学来说，到目前为止，还没有一个可以自称绝对正确并且永远正确下去的思想、理论、学说。举个不十分恰当的例子，你就会理解这个问题其实不难懂，这就好比你和你的女（男）朋友吵架，请大家回忆你们的历次吵架和论战是否有绝对的正确结论。虽然"女朋友永远正确"可以视作绝对真理，但恐怕你是口服心不服。事实上，经济学思想与理论的论战一直没有停息过而且会持续下去，就是源于绝对正确的思想与学说可能只存在于想象中。读者会觉得这岂不是很令人痛苦，是的，和生活本身一样，苦和乐是一体的，就像虽然你和女朋友吵架往往不是愉快的，但架要吵，生活也要继续，就如同经济学思想总是要论战的。

接下来读者一定会问，经济学家们到底因为什么吵，经济思想论战总要有原因吧，证伪主义的解释实在不接地气，读者们很可能一头雾水。以下笔者总结了几个主要原因，当然，经济学思想的论战的复杂性还远不止如此。

（一）前提不同

经济学是讲究前提假定的学科，每一个经济学的思想、理论、学说、模型等都会有一大堆的前提假定与约束条件，按照既定的前提假定，每一个理论模型的推导几乎都接近完美，打开经济学教材，完美的模型比比皆是，行云流水般的逻辑推导，令人眼花缭乱的数理变换看起来无懈可击，如此完美的理论学说为什么还要论战呢，还能如何否定与批判呢？这里面的一个重要的原因就是经济发展的前提是不断变化的，例如随着时代等各种外部条件的变化，前提假定会变。同时，经济学思想理论的大多数前提是要涉及人性的，这就更加复杂了。比如，关于经济学最基本的"经济人"的假定就始终存在争议，即人到底在经济活动中是不是理性的，不同的假定得出的结论往往是不同的，甚至是截然相反的。请读者思考一下"人"到底是理性的还是非理性的，如果你炒过股票，做过"韭菜"，你就会明白这个看似简单的问题有多复杂了，这个问题不用和别人论战，你自己和自己论战都不一定有结论。

（二）角度不同

同样一个经济学问题，很多经济学家的结论是完全不同甚至截然相反的，但很多时候他们的结论却又都是正确的，这是什么原因？笔者想起了盲人摸象的故事，一头大象到底是堵墙还是根绳子？经济学家们再伟大也达不到"上帝"与"天"的高度和视角，无法洞悉一切，限于某个角度得出片面的结论往往不可避免，于是一群效仿"盲人"探索着"摸象"的经济学家们不停论战当然不可避免。

（三）高度、深度、广度不同

在学习经济学的过程中，我们会学到各种各样的经济学思想、理论、模型等，背后对应的是提出它们的经济学家们，在多年的学习过程中，我体会到这些伟大的经济学家们依然能分出三六九等，不同级别的经济学家们的结论当然也是不同的。尽管都位于经济学领域金字塔的顶端，都是所在研究领域的顶级高手，但仍有几位经济学家在高手中鹤立鸡群，类似传说中的"绝顶高手"，比如笔者心目中经济思想功力最深厚的当属我们最熟悉的马克思，后文中提到的众多论战中都会有马克思的身影，经济学家们的"华山论剑"最终的王者终究还是伟大的马克思，他在历次论战中都体现了其经济学思想的高度、深度与广度，是绝大部分经济学家无法达到的。

二、经济思想论战是否定之否定的过程

经济学思想及经济学理论、经济学说的论战往往并不是在论战过程中不断出现新的结论和方向。诚然，经济学思想在不断提升其深度和广度，但结论往往没有太多新花样，就像歌中所唱的"终点又回到起点"。举个简单的例子，比如对股市的分析，一个很典型的论战场所，随时随地打开股市分析评论，各类专家的思想、观点、方法、理论完全不同，大家各执一词，争论得没完没了、面红耳赤、不亦乐乎。但结论通常只有两个，一个是"涨"，一个是"跌"。类似的经济学辩题实在太多了，往往经济学研究的最重要的范畴的结论都很简单且变化不大，例如前面提到的那个经济学基本问题即"经济到底应由市场决定还是政府决定"，从经济学诞生那一天一直论战到今天。如此旷日持久的论战只有两个结论，一个是由市场这只"看不见的手"主导，一个是由政府这只"看得见的手"主导。

这种论战看上去似乎意义不大，就在两个结论间反复，一会儿"涨"，一会儿"跌"；一会儿"市场"，一会儿"政府"；一会儿"东"，一会儿"西"；一会儿"南"，一会儿"北"。这种旷日持久的论战对经济学的发展进步意义在哪里？如此论战下去，经济学的发展前景又在哪里？于是我们需要引入一个哲学的概念，叫作否定之否定，这个规律揭示了事物发展不是直线式的前进而是螺旋式上升。经济学思想与理论学说的发展进步恰恰就是这样的过程，在"1"和"0"，"对"与"错"，"涨"与"跌"，"看不见的手"与"看得见的手"之间不断反复的过程中使经济学本身不断向上提升，在重复的过程中不断自我扬弃，这就是一个螺旋式上升的过程。就像一个人尝尽人世间酸甜苦辣，饱经沧桑之后往往会返璞归真，尝试回到最初的状态，这在形式上似乎只是一种反复，但思想与境界上已经历经了很多次的自我否定与不断升华。如果说经济学思想的论战有意义，那么原因大概如此。

## 第四节　"三思（斯）""三论"与经济学思想论战

　　经济学思想与学说的论战，当然由经济学家们来进行。纵观经济学说史，尽管经济学的历史只有二三百年，但闪耀在经济学史上的经济学家们数不胜数，这些经济学家的思想、理论、观点、学说各不相同。于是，观点相近或者思想一路沿袭下来的被后人分为各个流派，所谓"人以群分"，经济学家们因他们的思想理论学说的不同被分为多个流派，主要的经济学流派在各类经济学说史的教科书中有系统的介绍，本书的目的不是重复介绍这些流派，而是希望能够做更多的流派思想学说之间的直接比较，把他们的学说论战与思想碰撞直接展示给读者。本书所介绍的思想论战中，无论哪个流派、哪种思想及学说，背后都有三位经济学家的身影，这三位经济学家的思想对后人的影响之大是其他经济学家无法企及的，同时也是难以被超越的，这三位经济学家在经济学史上的地位也是无与伦比的，他们是公认的巨匠、大师。本书正是基于三位经济学大家的思想、理论与学说。这三位经济学家有必要在此着重介绍，巧合的是，三位经济学家名字中都带"思（斯）"字，而著作中都有"论"字，于是，我把他们称为"三思（斯）"与"三论"。

"经济学江湖"从何而来呢，和很多读者一样，笔者也爱读武侠小说，在学习和讲授经济学说的过程中，我发现经济学家们各不相同的思想学说与经济学流派错综复杂的关系颇有几分金庸笔下的江湖的味道，同样有形形色色的人物，各不相同的想法。有顶尖的大师，有各自的武功绝技，各门各派的关系同样纷纷扰扰，恩怨情仇都是一言难尽。比如，金庸笔下的江湖中有诸大门派，少林派、武当派、峨眉派、崆峒派、华山派等，而经济学江湖同样门派林立，从早期的重农学派到重商学派，从古典学派到新古典学派再到新古典综合派，等等，还有货币学派、供给学派等等，同样难以胜数。于是，为了避免教科书式的照本宣科、刻板无聊，笔者将经济学家、经济学流派及其思想、理论、学说构成的经济学说的体系比成"经济学江湖"，而纵观经济学说史，江湖地位最高、经济学功力最深厚、最顶尖的"绝顶"高手，依笔者看来有三位，也就是刚刚说到的"三思（斯）"。

一、亚当·斯密

各门各派、各个学科乃至各行各业都有自己的开山鼻祖，俗称"祖师爷"，经济学同样如此，学习过经济学的人要知道我们的"祖师爷"是亚当·斯密（1723—1790）。于是此处笔者把亚当·斯密与武当派的开派祖师张三丰进行了类比。二者共同之处真的不少。他们都是大门派的开山祖师爷，二人都出身其他门派，中年时都曾游历各地，丰富阅历。亚当·斯密早年学习数学与哲学，毕业后在大学任教，讲授文学，后游历欧洲各地，参与各类论坛，其间同各路经济学高手不断过招，切磋学术，其经济学思想不断成熟，几十年的厚积薄发，终在 1776 年发表了石破天惊的著作《国民财富的性质和原因的研究》（简称《国富论》），这一著作的发表标志着古典经济学正式诞生。从此，经济学正式成为一门独立的学科屹立于学派江湖。金庸笔下的张三丰出生少林，后多年游历各地，忽一日于山间仰视浮云，俯观流水，突然之间大彻大悟，融会贯通，创立了武当派。二人同样是戒律森严，张三丰是个道士，自然清心寡欲，亚当·斯密专心学术，也是一生未婚。二者的思想同样有着异曲同工之妙。亚当·斯密《国富论》的核心思想就是一只"看不见的手"，古典学派的诸多思想、理论、学说都在证明以及维护着这只"看不见的手"，学过经济学的人会记得各种各样的曲线，印象最深刻的恐怕就是各种美妙的"均衡"，这只"看不见的手"可以让一切的一切都自发地达到最完美的均衡状态，人们只要遵纪守法，尽可以追求自己私利的最大化，政府不要多管闲事，保护好这只"看不见的手"就可以了，剩下的都交给这只"看不见的手"，一切经济问题全都迎刃而解。而如此美妙的"手"却是"看不见的"，于是我们想到了张三丰所属的道家文化的核心思想也是一个"道"字。"道"与"手"还真的有异曲同工之妙，二者都是"看不见的"，而且都是天地间永恒的规律，"道"的范畴更是超越"手"的范畴，此处东西方的文化在某种程度上是一致的，都讲究"顺其自然"的最高境界。

## 二、凯恩斯

第二位经济学大家是约翰·梅纳德·凯恩斯（1883—1946），凯恩斯因开创了经济学的"凯恩斯革命"而著称于世，被后人称为"宏观经济学之父"，凯恩斯创立的宏观经济学与弗洛伊德所创的精神分析法和爱因斯坦的相对论一起并称为"二十世纪人类知识界的三大革命"，可见凯恩斯的江湖地位。所谓"凯恩斯革命"要革谁的命，正是以亚当·斯密为代表的古典学派，凯恩斯认为这只"看不见的手"问题很多，离完美差得很远，"看得见的手"才是正道。于是，经济学思想最大的分歧也就出现了，这个问题已经论战了几百年，很多理论学说的论战背后都或多或少有这两种思想冲突的影子。

笔者把凯恩斯和金庸笔下的风清扬做了类比，二者共同之处也是颇多，他们的性格都是风流倜傥，潇洒不羁，都有传奇的经历，凯恩斯除了研究学术之外，把更多的精力投入了商界、政界，甚至还创办过艺术剧院，涉猎多个领域，都成就不凡。凯恩斯性情豁达，广交朋友，纵横政商两界。在金庸的书中可以看出风清扬年轻时同样生性潇洒，不拘一格，所以才对后辈令狐冲的性格喜爱有加。凯恩斯的思想与风清扬的武功也有神似之处，风清扬的武功是传说中的"独孤九剑"，讲究的是剑意而不是剑招，凯恩斯的学术同样如此，他的著作是《就业、利息和货币通论》（以下简称《通论》），这本著作内容不多，篇幅上不及《国富论》，更远远不及后文将要提到的《资本论》，有人把《通论》称为"天书"，其难懂程度可见一斑，之所以如此，正是因为凯恩斯的经济学思想天马行空，完全不拘一格，属于天才型的高手，他的思想理论既不是斯密的一板一眼、稳扎稳打的套路，更不是马克思的经济学内力深不可测的类型。他的理论特色是"一招制敌"，没有过于复杂烦冗论述，出手就直指古典学派的要害之处，其理论的完整性、体系性、严谨性都在经济学说史上存在争议，但他著作中的每一个字都锋芒毕露，充满杀气，不破不立，直指问题的核心要害，颇有"独孤九剑"的意境。他的结论可以拿来就用，即使你读不懂他的著作（实际上确实大部分人都读不懂），但绝不影响你使用他的思想和理论，就像令狐冲失去内力，也可以凭着灵性掌握"独孤九剑"。所以，凯恩斯的思想一直被近代以来各国政府奉为"金科玉律"，只要经济出现问题，"凯恩斯主义"思想可谓"包治百病"，时至今日，凯恩斯主义仍是各国学术界以及政界的主流学术与治国思想。

凯恩斯和风清扬的晚年都不幸福，风清扬被妓女骗了，离群隐居，不问世事。凯恩斯被政客骗了，在著名的布雷顿森林会议上壮志难舒，不久就郁郁而终。

### 三、马克思

压轴登场的是笔者心目中始终排名第一的震古烁今的绝顶

高手，读者们最熟悉的陌生人——卡尔·马克思（1818—1883），读者们熟悉的是马克思的名声，而陌生的是马克思高深莫测的经济学思想的功力，马克思的理论很多人都应该学习过，但他的经济学思想的精华部分、精髓所在恐怕还有很多并不为人所知，本书后文中会介绍诸多经济学说史上的历次经典论战，在"华山论剑"中针尖对麦芒的思想碰撞中自然能够比较出到底谁的理论更高明，谁的思想更深刻，谁的思考更透彻，谁的功力更深厚。认真读完本书，你就可以知道马克思的经济学思想博大精深，确实与其他经济学大家不在同一段位，是真正可以笑傲江湖的绝顶高手。纵观经济学史，能与其相提并论的恐怕只有凯恩斯，亚当·斯密都要相形见绌。凯恩斯重在招式上的随心所欲，颇有"独孤九剑"的味道，而马克思则是把经济学的内功修炼到了最高境界，可谓前无古人后无来者。马克思的著作所有人都知道——伟大的《资本论》，单单从篇幅上都可以感知其内容的无所不包。《资本论》与《通论》是风格截然不同的著作，就像马克思与凯恩斯的武功路数是完全不同的，凯恩斯是经济学的天才，其著作内容不拘一格，灵光四射，火花四溅，往往出其不意，处处都让人感叹其天才的灵感。而马克思的著作则踏踏实实，严丝合缝，循序渐进，深入浅出，已臻神光内敛、返璞归真的化境。如果说凯恩斯的著作重在招式，理论方法拿来马上能用，即使你没有经济学基础，也可以直接运用其方法和结论，那么马克思的著作就是重在经济学思想修为，经济学思想的批判无处不在，所谓"批判"其实就是对经济学思想

的不断反思与升华，这是一个修炼内力，提升经济学修为素养
的痛苦过程，这个过程提升人的思想与内在的经济学修养，这
是一个漫长而枯燥的修炼过程，能够坚持下来必然极大提升对
经济学的理解与领悟，但在当今快餐式的文化背景下，又有几
人能坚持下来，这也导致马克思的经济学思想的精华往往没有
被真正理解与发掘。当然，马克思的著作中没有数学模型和推
导，只是文字论述，这在当代是连经济学文章都很难发出来的，
当代的经济学喜欢的是精致完美的数学模型，而对思想的批判
已经接近无人问津了，这到底是经济学的进步还是退步不是笔
者能回答的，笔者知道，虽然很多复杂的经济学模型可以很好
地描述经济问题，但无法指向问题的本质，数学工具当然要用，
但不能本末倒置，买椟还珠，就像凯恩斯本人是学习数学出道，
但著作中数学只是作为工具，其著作之所以能成为经典不是因
为数学模型的精美而是其经济学思想的独树一帜，凯恩斯在著
作中对经济学研究中数学泛滥的现象也曾做过批判。所以，马
克思主义思想对经济学本质的批判反思与深入思考如果不被人
真正去研究，而只是停留在口头上的推崇，恐怕是令人遗憾的，
希望本书能略微弥补这个遗憾，不让马克思诸多伟大的经济学
思想、理论的精华被埋没，只剩下劳动价值论和剩余价值论等
为数不多的理论流传，而这些恐怕还远不能代表马克思最精华
的思想，最高深的武功。笔者此处引用著名经济学家罗宾逊夫
人的一段话："马克思的知识工具比学院派粗糙的多，但比他们
的温文尔雅具有更大的现实性。他的理论以粗率而黯淡的壮观

高耸在他们错综复杂的建筑之上。"①当然，本书始终以马克思的经济学思想为主线，这不是简单的学术崇拜，而是经过论战、比较、思考后的五体投地。

一个颇有意思的巧合，马克思去世在 1883 年，凯恩斯出生在 1883 年，似乎冥冥之中自有天意，在本书后文的历次论战中，与马克思的思想最接近的经济学家恰恰是凯恩斯，二者的学说都建立在对古典经济学派的批判基础上，理论产生的背景以及研究的对象都是经济危机的本质，都经历过大的金融危机及经济危机，从而开始对古典经济学思想进行批判。在经济学诸多理论及思想上二者往往殊途同归，尽管研究的方法不同，凯恩斯是学数学出身，马克思是学哲学出身。

---

① 罗宾逊. 论马克思主义经济学 [M]. 北京：商务印书馆，2019：93.

# 第二章　古典经济思想论战

　　从经济学家亚当·斯密发表《国富论》开始，古典经济学体系完成了创建，古典经济学阶段是经济学思想史上最重要的阶段，在此阶段，经济学家们的著作涉及了经济学领域的几乎所有重要的课题，到了新古典经济学时代，则是通过"边际革命"提出了新的工具和方法，但思想上基本与古典经济学一脉相承。而之后的近现代经济学的产生及发展则是基于对古典经济学思想及学说的批判与否定。有意思的是，当代经济学的发展似乎进入了"否定之否定"的阶段，例如货币学派、供给学派等。但毫无疑问的是，古典经济学时代的经济学家们提出了诸多可以一直论战下去的经济学思想辩题，所以本章将会选取其中的几个最有代表性的辩题进行论述，笔者从古典经济学家们的辩题展开，参与论战的经济学家们不限于古典经济学时代，我们来看一系列跨越时空的思想论战。

# 第一节　富国论战

　　亚当·斯密的《国民财富的性质和原因的研究》的发表是经济学史上开天辟地的大事，此书被视为影响人类文明进程的划时代之著作，在书中亚当·斯密创建了系统而完备的古典经济学思想理论体系。本书提出经济学研究的核心内容就是"国民财富"，经济的使命毫无疑问就是增加或者创造"国民财富"，所以本书通常被称为《国富论》。从字面意义看，就知道经济学要研究一国如何增加"国民财富"，如何"富起来"，也就是如何"富国"。亚当·斯密认为"国民财富"就是一国生产的全部商品，类似宏观经济学中的基本定义"GDP"，即"国内生产总值"。时至今日，如何提升"GDP"，始终都是经济学研究的第一重要的课题，也是各国政府关注的头等大事，只要经济保持增长，一切问题都迎刃而解，否则，各种矛盾问题必然层出不穷。可见，这一课题从古典经济学开始一直到今天甚至在今后相当长的时期都是经济学研究的最核心的课题。当然，关于如何"富国"有太多太多的理论与学说，这里我们来看看关于"富国"的两种最主要思想的辩论。为了能够增加一点趣味，我们虚拟了一系列跨越古今的辩论赛，邀请参与过相关辩题论战的有代表性的经济学家们来一场"关公战秦琼"式的辩论，以便于读者更直观地感受经济学思想论战的魅力。

## 一、辩题及参赛队介绍

（一）辩题

孰能富国：勤俭储蓄还是消费享乐？

（二）参赛队

正方代表队：重商主义学派、新古典综合派、古典学派

反方代表队：凯恩斯学派、马克思学派

## 二、正方论述

（一）正方一辩：托马斯·孟（重商主义学派）

首先登场的一辩选手是来自重商主义学派的英国著名经济学家托马斯·孟，他的代表著作是《英国得自对外贸易的财富》，托马斯·孟说："我们国货出口的价值，通常每年就有二百二十万英镑，也许还多一些。所以，倘使我们不是这样超乎一切国家之上地爱好摆场面，奇装异服，和花天酒地的生活的话，那么有一百五十万镑，就满可以解决我们的非必需品，如丝织品、糖、香料、果品和一切其他的东西的需要了。所以这样每年还可以节存七十万英镑的现金，使这个王国在短期间内就大大富强起来。但是我们所享有的这种富裕生活，竟使我们成为沾染恶习和漫无节制的国民，不但将我们自己的资财都浪费掉，而且对于许多其他财富，也不加爱惜、毫不在意，以致受到可耻的损失……勤劳的荷兰人的努力结果，为我们提供

了这种事实的充分证据，那对于我们是莫大的羞耻，并且简直就是危机，倘使我们不及时加以防止的话。因为当我们抛弃了我们一向从事的光荣事业和学术钻研而只求享乐，并且近年来将自己沉湎于吸烟和酒肉里边，像行尸走肉一般，终日以吸烟和举杯相庆为务，直到许多人已经死在眼前了。而我们所说的那些荷兰人却差不多已经完全摒弃了这种下流的恶习，同时吸取了我们经常在海上和陆上发挥得很充分的传统的勇敢精神，并且特别是在他们的防御设施方面，虽然他们现在毫不表示谢意，甚至连这件事都不肯承认。一切这些事情的总结是：我们在吸烟、喝酒、宴乐、奇装异服和把我们的时间滥用在偷安和享乐方面的普遍的堕落，已经使我们在身体方面毫无丈夫气，使我们的知识欠缺，使我们的财富贫乏，使我们的勇气低落，使我们的事业遭到不幸，并且使我们为敌人所轻视。"[①]

从托马斯·孟的辩词中我们能够感受到在经济学研究中的家国情怀，托马斯·孟所处的时代背景正是英国与荷兰双雄争霸海上，荷兰在自然资源以及人口等都处于劣势的情况下后来居上，挑战着英国的霸主地位，但英国并没有居安思危，英国贵族纵情声色犬马，生活奢侈享乐，耗费着财富，精神也日渐萎靡，军队士气低落。爱国经济学家托马斯·孟因此痛心疾首，大声疾呼，批判英国的奢侈享乐主义。他认为国民财富主要来源于对外贸易，贸易的增长是财富增加的主要原因，也是货币

① 托马斯·孟. 英国得自对外贸易的财富 [M]. 北京：商务印书馆，1997：72—73.

（金银）增加的唯一来源，只有更多地增加出口，才能增加财富，积累金银，富强国家，强化军力，才有可能击败宿敌荷兰，守住海上霸主的地位。英国当时每年有至少二百二十万英镑的出口，就意味着每年至少增加二百二十万英镑的货币和财富，这笔巨额财富如果主要用于富国强军，完全可以保持强大的海上优势，进而确保英国在世界上的统治地位。可是，人们却在肆无忌惮地消耗着财富，进行毫无意义的奢侈享乐，不但挥霍了财富，也使得人们精神萎靡，士气消沉，长此以往，后果不堪设想。可以说，托马斯·孟的观点和我们中华民族的传统美德不谋而合，中国古话说"成由勤俭败由奢"，小到一个人大到一个国家，勤俭节约从来都是成功之本，无论多大的财富，奢侈享乐总会轻易地败光家底。这段话也代表着经济学说史上占有一席之地的重商主义学派的经济贸易与财富的思想。新中国成立后，我国也是坚持了这种思想观点，我们提倡"以艰苦奋斗为荣，以骄奢淫逸为耻"，勤俭节约本就是中华民族的传统美德，中国人小时候就受到这种传统教育，孩子们都学过"谁知盘中餐，粒粒皆辛苦"。新中国成立初期可谓一穷二白，百废待兴，同时强敌环伺，压力巨大。全国上下在党的强大领导下团结一致，艰苦奋斗，自力更生，建立了强大的工业体系，成为世界最大出口国，积累了大量的财富，外汇储备高居世界第一，同时我们深知"落后就要挨打"，依然"厉行勤俭节约，反对铺张浪费"，我国的军事力量也快速崛起，被西方列强随意欺负的年代一去不复返了，中国也正走在由大国向强国挺进的路上，伟大的民族复兴不可阻挡，几代人的中国梦即将梦想成真！可见，我们走过的富国、强国之路完全符合托马斯·孟与重商主义学派的观点。重商主义学派尽管是经济学说史上的早期学派，看似保守，但其思想观点与家国情怀在今天看依然有其道理与意义。

（二）正方二辩：保罗·萨缪尔森（新古典综合派）

接下来出场的是新古典综合派的掌门人，当代著名经济学家保罗·萨缪尔森，萨缪尔森在经济学史上具有重要地位，他的最大贡献是将新古典学派的微观经济学思想与凯恩斯的宏观经济学思想进行了折中统一，并由此建立了当代主流经济学的体系，折中思想看似简单实则不易，类似将金庸笔下的"九阴真经"与"九阳真经"融会贯通，大非易事，一不小心，就可能走火入魔。因为凯恩斯的思想大都是在批判古典经济学派的思想基础上建立的，而新古典经济学派更多继承了古典经济学派的思想观点，只不过采用了更多数学工具来扩充武器库。将这二者的思想体系进行统一，其难度可想而知。萨缪尔森的经典著作《经济学》是国内外很多高校的经济学类专业使用的教材，也是举世公认的权威著作。在他的著作中古典学派的思想依然占据主要地位。他说："开始我们用手抓鱼，但最终我们发现，先造渔船和编织渔网、再用渔船和渔网来捕鱼会更加划算，因为那样比用手能捕到更多的鱼。换言之，投资于资本品涉及到牺牲现在的消费以增加今后的消费。减少今天的消费可以释放现在的劳动用来编织渔网，以便今后能捕到更多的鱼。就最一般的意义而言，资本是生产性的，因为所放弃的今天的消费能在未来获得更多的消费。"① 从这个浅显的例子中我们会发现本辩题中蕴含着并不简单的经济学的思想，辩题中"勤俭储蓄"与"消费享乐"，包含着经济学的一些重要经济变量，例如消费（享乐）、生产（勤）、储蓄，"俭"我们可以理解为减少消费。回到萨缪尔森的这段话中，他提到了经济学中另一个重要变量，即"投资"，这几个变量之间的复杂关系及公式表达可能很多人在宏观经济进行中都学习过，而我们细细品味其中的滋味，会发现它们的关系真的是"剪不断、理还乱"，其背后隐含着的是经济学复杂而深刻的思想。萨缪尔森的逻辑很清晰，所谓"工欲善其事，必先利其器"，用手抓鱼的人再聪慧、再勤劳也没有渔船、渔网的效率高，二者的产出率没有可比性。可见，"投资"尤其是对资本品（渔船、渔网）的投资是增加财富（鱼）的关键。而要多投资必须得有钱吧，所以钱得省着点花，尽量当下少消费，把节省下来的资源（货币、劳动等）用于投资，这样就快速提升了效率，当期的消费虽然减少了，但下一期的产出会快速增加，今年少花点钱消费，明年包你赚得盘满钵满，何乐而不为呢？用宏观经济学的基本公式 $Y = C + I$ 解释，其中 $Y$ 是国民收入，也就是"财富"，$C$ 是"消费"，$I$ 是"投资"，按萨缪尔森的思想，在当期收入 $Y$ 既定的情况下，减少当期的消费 $C$，增加当期的投资 $I$，会带来下一期更多的产出（鱼），也就是更多的国民收入 $Y$，获得更多的产出，自然赚更多的钱，今天减少消费，

① 保罗·萨缪尔森.经济学（第18版）（中文版）[M].北京：人民邮电出版社，2008：237.

过点紧日子，未来却可以增加更多消费，如此就进入良性循环，Y、C、I 都进入循环增加的模式，财富 Y 也增加，消费 C 也增加，投资 I 也增加，岂不是皆大欢喜！而这一切毫无疑问是从减少当下的消费开始的，所以勤俭的重要性是毫无疑问的。

萨缪尔森的例子浅显易懂，思想与逻辑清晰严谨，确实让人感觉无可辩驳。而下一位更重量级的辩手将在此基础上继续拓展思想，增加更多经济学变量。

（三）正方三辩：亚当·斯密（古典学派）

正方最后一位登场的是经济学开山鼻祖亚当·斯密，斯密在《国富论》中关于此论点有过大量的论述，此处仅选取一部分："资本增加，由于节俭；资本减少，由于奢侈与妄为。一个人节省了多少收入，就增加了多少资本。这个增多的资本，他可以亲自投下来雇用更多的生产性劳动者，亦可以有利息地借给别人，使其能雇用更多的生产性劳动者。个人的资本，既然只能由节省每年收入或每年利得而增加，由个人构成的社会的资本，亦只能由这个方法增加。"[①] 斯密这段话的逻辑与二辩萨缪尔森是完全一致的，都在强调财富增长的核心动力是资本，必须增加投资，从而扩大资本，提升生产财富的能力，国家自然就"富"了。而增加资本，必须得节俭，也就是减少消费。其中这样一句值得深入思考："一个人节省了多少收入，就增加了多少资本"，这句话隐含了经济学另一个重要变量——储蓄（S），一个人节省的收入，

---

① 亚当·斯密. 国民民财富的性质和原因的研究（上卷）[M]. 北京：商务印书馆，1981：310.

也就是依靠省吃俭用，减少消费省下来的钱，在经济学意义上就是储蓄，斯密的这句话隐含了古典（以及新古典）学派的重要前提，就是省下了收入就自发等于增加了资本，也就是储蓄自动转化为投资，也就是 S=I，这个等式在很多教材中被定义为恒等式。

接下来斯密还有一段话强化了这一论点："资本增加的直接原因，是节俭，不是勤劳。诚然，未有节俭以前，须先有勤劳，节俭所积蓄的物，都是由勤劳得来。但是若只有勤劳，无节俭，有所得而无所贮，资本决不能加大。节俭可增加维持生产性劳动者的基金，从而增加生产性劳动者的人数。他们的劳动，既然可以增加工作对象的价值，所以，节俭又有增加一国土地和劳动的年产物的交换价值的趋势。节俭可推动更大的劳动量；更大的劳动量可增加年产物的价值。"① 这段话更加强调了节俭，在"勤""俭"二字中，斯密显然更加看重"俭"，对应到经济学中，"勤"可以理解为更多的总产出（生产更多产品）和更多的总收入 Y（赚更多钱），而"俭"则意味着更少的消费 C，从宏观经济学的另一个等式 Y=C+S（意为总收入中花费一部分，剩下的储蓄起来）中，我们可以得出"俭"就是更多的储蓄 S。这段话强调当期更多的储蓄 S 的重要性甚至超过当期更多的产出Y，因为当期更多的储蓄 S 会自动成为下一期更多的投资 I，会带来下一期更多的总产出（总收入）Y。

小结一下正方的思想与逻辑，首先，要勤劳，多生产、多

①　亚当·斯密. 国民民财富的性质和原因的研究（上卷）[M]. 北京：商务印书馆，1981：310.

出口，当期的总产出（总收入）尽量多一些，接下来更重要的是少消费，多储蓄，因为储蓄会自动转化为下一期的投资，会带来下一期更多的总产出（总收入），总产出（总收入）Y的不断增加当然就意味着"富国"的经济学目标实现了。至于储蓄S如何自动转化为投资I，古典学派认为通过利息率的调节，储蓄就能够自动转换为投资。在宏观经济学中，有一条储蓄—投资曲线，曲线的经济学思想就是来自于此，具体而言，资金的供给来源是储蓄S，利息是储蓄报酬，利息率越高，储蓄报酬越大，储蓄量越大，反之亦然；资金的需求是投资I，利息同时也是投资成本，利息率越高，成本越大，投资量越小，反之亦然。于是储蓄代表资金供给，投资代表资金需求，均衡利息率则被视为可以使供求相等的资金价格。在货币市场上，储蓄与投资通过利息率的自发调节实现了自动转化。这样，正方的思想与理论逻辑体系完全确立，该体系逻辑清晰易懂、体系完整无缺，思想无懈可击。

正方论述完毕，下面有请反方登场！

三、反方论述

（一）反方一辩：凯恩斯（凯恩斯学派）

反方登场的第一位就是绝顶高手级别的凯恩斯，笔者前面介绍过凯恩斯的思想与理论体系是在反思经济危机的过程中创立的，其体系就是建立在对古典学派经济学的批判基础上，凯恩斯的武功招式可以说完全克制了古典（包括新古典）学派，以此辩题为例，我们可以看到在以下的论战中凯恩斯将对正方的思想理论展开全方位、无死角的逐一批判，可谓拳拳到肉、招招致命。将古典以及新古典学派完美无缺的思想理论体系批判得体无完肤。

1.储蓄与投资的关系

凯恩斯首先针对看似无懈可击的思想逻辑中最大的漏洞，即"储蓄可以自动转化为投资"思想进行攻击，出手就直指对方死穴，可谓"一招制敌"，颇有"独孤九剑"的神韵。他说："在《鲁滨逊漂流记》的故事中，个人的收入完全来自他的生产活动。他所消费掉的或保存下来的事实上是、而且只能是他自己生产活动的产物。古典学派把故事中的经济当作现实世界，把由前者中所得到的结论应用于后者。"①凯恩斯用生动的论述批判了古典学派逻辑体系的基础，他风趣地嘲讽古典派的思想理论只有在荒诞的故事中才可能发生。在故事中，鲁滨逊漂流到荒无人烟的小岛上，如果把这个小岛视为一个经济体的话，那么古典派的逻辑确实成立，因为鲁滨逊无论消费、储蓄，还是产出（打鱼、种菜、饲养牲畜等劳动的产物）都完全是自己一个人的行为，可以说在故事中另一个人物"星期五"出现之前，鲁滨逊一个人就完全构成了整个社会。此时鲁滨逊个人节俭下来的产出（储蓄）毫无疑问会自动转化为下一期的投资，例如他可以少吃一些牲畜，留下来作为"储蓄"明年繁殖更多牲畜，储蓄就自动转化为投资，明年可以有更多产出。他的储蓄可以毫无阻拦地、无条

---

① 凯恩斯．就业、利息和货币通论 [M]．北京：商务印书馆，1999：25—26.

件地转化为投资，实际上在荒岛上他一个人根本也没有别的选择，储蓄不得不转化为投资，总不能扔掉不要，尤其是储蓄的吃不完的农产品具有保质期，得想办法尽量转化为明年的投资，尽量利用起来，否则就无法在荒岛上生存下去。

在现实的社会中，储蓄不可能自动转化为投资，否则经济学就没有太多存在的必要性了，原因是储蓄如果都能自动转化为投资，那整个经济世界真的就自发均衡了，一切就自发和谐了，99%的经济问题都迎刃而解了，经济永远都不会衰退了。事实是，这种情况只能在童话世界中幻想一下而已。现实中储蓄与投资的主体是完全不同的，二者"各怀心腹事"，利益诉求完全不同。储蓄的主体是个人和家庭，目的是应对未来的开销，谁家都得留点"过河钱"以备不时之需；投资的主体则是企业以及各类金融机构，目的很简单，就是为了更多的利润。学习过宏观经济学的读者都知道，现实经济中的主要矛盾就是储蓄大于投资，这也是各种经济问题产生的主要且根本的矛盾。举个最简单的例子，你的一笔钱很可能存上个十年八年，一直躺在你的账户上睡大觉，那么这笔储蓄就很难转化为投资，当然银行可以用你的这笔钱进行投资，但那是个复杂的过程，有各种条件的限制，首先银行不能把这笔钱全部拿走，有存款准备金率的限制，能投资的那部分也不一定能顺利地投出去，还要看经济景气程度，看银行以及企业的预期，如果前景悲观，也很难投得出去。即使能投资，还涉及效率问题。可见，储蓄转化为投资绝不是随随便便，甚至自动转化的，在下面的论述中提到，凯恩斯指出，在经济危机中，这种储蓄自发转化为投资是完全不可能的。

至此，凯恩斯使出的第一招就直指要害，通过以上论述我们可以看到就算节俭储蓄没有坏处，至少也没有能自动转化为投资，增加财富。接下来凯恩斯还有厉害的后招，那就是节俭储蓄对经济的巨大伤害。储蓄对经济具有巨大的伤害性是古典学派根本没有意识到的，接下来凯恩斯将使出下一杀招。

2.储蓄、消费与收入

在下面的论述中，凯恩斯将详细阐述经济学中几个重要变量，收入 Y、消费 C 与储蓄 S 的重要关系，接着上面的论述以收入（财富）为核心来进一步阐述储蓄对于收入的巨大伤害以及消费对于收入的巨大意义。以此来批判正方的节俭思想。凯恩斯指出："老式说法的错误在于根据个人的储蓄行为便做出似是而非的推断，认为他也会使总投资增加相同的数量。不能否认，当个人进行储蓄时，他增加他自己的财富。但是，他也会增加总财富的结论却没有考虑到一种可能性，即：个人进行储蓄的行为可以影响到另一人的储蓄，从而会影响另一个人的财富。"[①] 这段话中，凯恩斯区别了经济学研究的微观和宏观的不同视角，经济学同样的前提放到微观和宏观的不同视角下得出的结论往往是不同的，正方古典派和新古典派把微观层面的逻辑和结论直接应用于宏观层面，看似严谨甚至无懈可击的思想体系到了凯恩斯的眼里就漏洞百出，就好像任何武功在"独孤九剑"面前都满是破绽一样。凯恩斯所说的"老式说法"指的就是古典学派

---

① 凯恩斯 . 就业、利息和货币通论 [M]. 北京：商务印书馆，1999：91.

的经典理论，在凯恩斯之前的传统或者说主流理论认为一个人在收入既定的前提下，如何更快富起来，是多消费还是多储蓄，答案当然是显而易见的，中国人一直讲究"勤俭持家"，也是这个道理，少花点、多存点，日子当然越来越富裕，无论存下来的储蓄是否能转化为投资。对个人来说，转化为投资，以后赚大钱当然更好，即使不投资，就把钱藏在自己家床底下，财富也会越来越多，只不过增加的速度慢一些而已。只消费、不储蓄，"赚一个花两个"是典型的败家行为。可见，对个人来说，节俭一些，少消费、多储蓄始终是增加财富的不二法门。这一点毋庸置疑，连凯恩斯也必须承认。凯恩斯比古典学派的高明之处在于他的视角更宏大，笔者在前面曾经说过，经济学家以及经济学流派的论战不是简单的非黑即白、非此即彼、非对即错、非正即负，如果一定要分出对错，显然不是本书的目的，而出现不同的思想观点原因很复杂，其中不同的视角是重要原因，恰如盲人摸象的寓言故事。凯恩斯与古典学派的视角是不同的，所以结论当然就不同了，二者的逻辑推理以及结论以自己的前提来看都是无懈可击的。凯恩斯指出，个人储蓄会增加自己的财富没有任何问题，但同时你却忽略了一个重要问题就是你影响并减少了别人的收入，在后面关于"乘数效应"的论述中我们会看到，从全社会角度看，你所增加的储蓄而对全社会财富的减少要远远大于你自己增加的那一点财富。个人的财富确实由于个人储蓄而增加了，但全社会的财富却由于个人的储蓄行为大大减少了。这也是著名的"储蓄悖论"。

接下来凯恩斯举例详细论述以上思想："据我所能推测的是，无论什么时候你节省了5先令，你就要使一个人失去一天的工作。节省5先令，可以扩大失业到一人一天的程度，此外可以类推。另一方面，无论什么时候你购买了商品，你就促进了就业——虽然，如果你想要促进英国的就业，就必须购买英国本土制造的商品。说到底，这不过是最简单易懂的常识而已。因为只要你购买商品，肯定会有人为你制造这些商品的。如果你不购买商品，商店里的存货就不能出清，他们就不会再订货，这样肯定会有人要失业了。……假设我们大家把收入全部储蓄起来，完全停止花费。毫无疑问，我们每一个人都会失去工作，而且不久我们也不会再有收入以供花费。那时就不会有任何一个人得以增加1便士的财富，最终我们全都得饿死。这种惨烈的后果无疑是我们应得的报应，谁叫我们彼此拒绝购买、拒绝互助呢？"[①]这段话举的例子简单明了，思想逻辑清晰无比，体现着凯恩斯思想中的智慧，简单明了却直指对方的破绽，凯恩斯认为你把钱存起来停止购买消费，看起来只是个人行为，但无形中你至少伤害了一个你素未谋面的人，比如你少花了5块钱，可能就有5块钱的商品卖不出了，那么到下一周期，这个商场就不会再进这5块钱的货了，企业也就不会生产这5块钱的商品了，如果假定这恰好是某个工人一天的产量，那么这个工人起码这一天就失业了。以此类推，所有人都储蓄，一点不消费，看起来似乎所有人的个人财富都增加了，但结果是干脆

① 凯恩斯. 预言与劝说 [M]. 南京：江苏人民出版社，1997：150—151.

大家都饿死！凯恩斯如此犀利的笔锋与智慧确有"独孤九剑"的神韵！对古典学派思想理论的批判可谓淋漓尽致！

下一招凯恩斯将从生产财富的源头——企业，来做进一步论述："人们通常总是认为，世界上所积累的财富是经过痛苦的过程由于所谓'节约'而来的，也就由于是人们自愿节制不享用眼前的消费而来的。但是，光是节制本身显然并不足以建立城市或者排干沼泽。……更糟的是：节约正面地妨碍企业的复苏；同时还由于它对利润所发生的不利影响而造成恶性循环。有企业在运行，就不论节约的情形怎样，财富都会积累起来。要是企业停顿的话，便也不论怎样搞节约，财富都会削减。……推动企业的发动机而是利润不是节约。"① 从这段话中我们可以看到，增加财富的最关键因素在于企业的利润，企业有利可图，剩下的事情你根本不必操心，自然会有投资进入，赚钱的买卖一定有人抢着做，谁会不喜欢利润呢？有了利润，投资必定蜂拥而至，财富就会增加，就业也会增加，收入也会增加，消费也会增加，经济的良性循环就开始了！反之，企业如果都亏本，那么自然也无人投资，再多的储蓄也没用，此时储蓄当然不会自发转化为投资，利率再低也没用，谁会喜欢亏本赔钱呢？众所周知，企业利润最好的朋友是消费，最大的敌人当然就是消费的对立面——储蓄！

由此，凯恩斯给出了结论："消费是一切经济活动的唯一目标和对象。就业的机会必然会受到有效需求的多寡的限制。总

① 凯恩斯. 货币论（下册）[M]. 北京：商务印书馆，1997：125—126.

需求只能来源于现行的消费以及现在为将来的消费所做出的准备。"[1]凯恩斯认为消费就是收入,因为一个人的消费必然马上转化为另一个人的收入,二者几乎同时发生,因为你买东西消费,一手交钱、一手交货,另一人同时就收到你的钱,得到了收入,增加了财富。所以消费本身就是收入的最重要、最直接的部分,当然就是财富,这个简单明了的道理古典学派却没有看到。至此凯恩斯完成了对收入(财富)Y、消费 C 与储蓄 S 的关系的论述,接下来凯恩斯会继续这一思想,从乘数原理的角度分析消费不仅增加财富,而且会成倍数增加财富,反过来说,储蓄不仅损害财富,而且会成倍损害。同时,凯恩斯对古典学派的批判的伤害性也基于乘数原理加倍了。

　　3.乘数效应

　　普通人只能看到消费减少了财富,这似乎是显而易见的。例如,一块面包,你把它吃掉了,世界上的财富就少了一块面包。甚至古典派经济学家们也是如此理解消费的。很明显,这只是基于一个时点的视角去观察被消费掉的财富,在某一时点,如果你消费了一件商品,那么此时财富就减少了一部分。而凯恩斯的伟大之处在于能够从经济循环的更高级的视角看问题,他看到了一个人的消费尽管减少了实体财富,同时减少了消费者个人收入,但这笔消费同时肯定会增加另一个人的收入,厂家也因为多卖了商品而在下一周期至少会生产同样多的商品甚至会扩大投资增加生产。已经消费掉的,甚至更多的实体财富肯

---

① 凯恩斯. 就业、利息和货币通论 [M]. 北京:商务印书馆,1999:109.

定在下一周期会重新生产出来。凯恩斯对消费与收入的关系的分析并没有到此为止，凯恩斯指出这只是一轮循环的起点，下面还有更神奇的事情发生。经济学上有一个著名的"破窗效应"原理，故事讲的是某球员吃完海参在小区中练球，一脚世界波正中邻居家的落地玻璃窗，业主只能花 100 元去建材商店买了一块玻璃重新装上。这笔消费引发的财富效应并没有到此为止，接下来就是见证奇迹的时刻：建材商店的老板得到了 100 元的收入，社会总财富（收入）Y 增加了 100，建材店老板有了钱去门口的饭店花了这 100 元，于是饭店老板的收入增加了 100 元，总收入 Y 增加了 200，饭店老板有了钱就去德云社花了 100 元钱买票听了一场相声，于是德云社的收入增加了 100 元，总收入 Y 增加了 300……这轮循环无限进行下去，国民收入 Y（总财富）可以达到无穷大！这一结论当然是荒谬的，所以这个例子也被称为"破窗谬论"，明眼的读者可能已经看出了其中的漏洞，一个人不可能赚多少花多少，所以经济学中有个"边际消费倾向"的概念，就是收入额外增加一个单位所引起的消费的增加量，例如你赚了 100 元，花掉了 80 元，那么边际消费倾向就是 0.8，假定每个人都是这种消费习惯，那么以上循环模型经过修正之后，新增的国民收入 Y 增加的倍数，即乘数 =1 ／（1− 边际消费倾向），如果边际消费倾向是 0.8，则乘数 =5，即国民财富会增加 5 倍。读者还会问，虽然你的消费增加了别人的收入，但不是也同时减少了自己的收入吗？为什么总收入还增加？因为你减少的实际上是收入中的储蓄部分，你如果不消费，这部分就是储蓄，储蓄对经济没有任何意义，只能作为数字躺在你的账户上睡大觉，对经济没有任何刺激拉动作用，从财富的角度上讲没有意义，完全可以忽略不计。而你消费的部分却实实在在刺激了经济，拉动了需求，经过消费的社会循环后产生了乘数效应，增加了远超你消费掉的财富。你买得越多，明年厂商就生产得更多，所以参与消费的这轮支出循环才是对经济有决定性作用的，当然应该计入总收入（财富）中。

　　关于乘数效应，凯恩斯有如下论述："如果边际消费倾向的数值接近于 1 时，那么，投资的微小波动会导致导致就业量的巨大波动，……另一方面，如果边际消费倾向的数值接近于零，那么，微小的投资波动会导致相应的就业量的波动，但在这里，要想造成充分就业，就需要投资的大量增加。"[①] 凯恩斯这段话的意思是，如果边际消费倾向接近 1，说明大家基本上是赚多少花多少，一点不留，那么按照公式：乘数 =1 /（1– 边际消费倾向）计算，乘数就接近无穷大，意味着消费对收入及财富的促进作用极其巨大，而如果边际消费倾向接近零，大家有了钱一点不花都存起来，则乘数接近 1，也就是没有财富成倍增加的乘数效应，此时如果政府为了刺激经济增加投资等支出，由于没有了乘数效应的加持，经济刺激效果会极其不明显，失去了乘数效应的巨大杠杆作用，只能靠增加投资来增加总收入 Y，来挽救经济，增加就业。这也是经济萧条乃至经济危机中必然会出

---

[①]　凯恩斯 . 就业、利息和货币通论 [M]. 北京：商务印书馆，1999：122.

41

现的情况。可见，多消费有多么的重要！

至此，凯恩斯揭示了宏观经济中重要的乘数原理，即消费不但会增加财富而且会使得财富成倍地增加，边际消费倾向越大，即人们越喜欢消费，乘数就越大，财富依靠乘数效应会像滚雪球一样越滚越大！

以上凯恩斯顺着正方的逻辑走，针对正方思想逻辑的漏洞进行了辩论，属于"以彼之道还施彼身"的招式，接下来凯恩斯会从自己的"有效需求"思想出发，更加全方位地批判正方思想。

4.有效需求

"有效需求"概念以及相关思想并不是凯恩斯的首创，但在凯恩斯这里却被发扬光大，在凯恩斯的《通论》中有这样的论述："马尔萨斯曾经为之斗争的有效需求这一巨大之谜在经济学文献中完全不见踪迹。在古典理论得到最成熟体现的马歇尔、埃奇沃思和庇古教授的全部著作中，它甚至一次也没有被提到过。有效需求只能偷偷摸摸地生活在不入流的卡尔·马克思、西尔维奥·格塞尔和道格拉斯少校的地下社会之中。"[①] 在这段话中，我们可以读出一些言外之意，首先可以看出"有效需求"思想理论在古典学派中根本没有被提及，只有人口学家马尔萨斯曾为这一思想据理力争，却完全被占据主流的古典学派经济学家们无视，以至于这个经济学最有价值的思想之一只能"偷偷摸摸"地生存在马克思等所谓"不入流"的"地下社会"中，如今读到这段话真的是令人感慨万千，颇有"青山依旧在，几度夕阳红"

---

① 凯恩斯. 就业、利息和货币通论 [M]. 北京：商务印书馆，1999：37—38.

的沧海桑田之感。从这段话中我们能够体会凯恩斯对"主流"的古典学派的嘲讽以及对于马克思等真正有思想深度的经济学大家们被边缘化、被排挤的无奈，可以读出凯恩斯对马克思思想的"惺惺相惜"。

有效需求在经济学教材中的定义是：预期可给企业带来最大利润量的社会总需求，亦即与社会总供给相等从而处于均衡状态的社会总需求。短短的定义中蕴含着深刻的经济学思想，这一思想虽然并非由凯恩斯最早提出，但被凯恩斯发扬光大，并成为凯恩斯宏观经济学体系的核心思想，这一思想首先将经济学的研究中心从古典学派侧重的供给端转向了需求端，认为只有需求端的拉动才能使得总供给有意义，这种需求是"有效"的，可以有效地拉动并刺激经济，增加财富，这样企业才能实现利润最大化。同时"预期"二字非常重要，"预期"决定需求的有效性，进而决定供给是否有意义，没有需求的供给毫无意义，只能造成产品积压，经济萧条。

凯恩斯思想理论体系主要围绕"有效需求"这一概念展开，在论证了"有效需求"对经济及财富的决定性作用之后，凯恩斯继续提出三大定律来论证"有效需求"的先天不足及其原因，这也是宏观经济学体系的核心内容。

（1）边际消费倾向递减规律

前文介绍过边际消费倾向是收入额外增加一个单位所引起的消费的增加量，就是你多赚了1元钱你花其中的多少，例如一个月工资是1万元，如果你消费了8000元，那么你的边际消费倾向就是 0.8，凯恩斯认为随着收入的增加，消费的增加速度会慢于收入的增加速度，就是说你花的没有赚的快，读者肯定会质疑这个结论，因为很多人感觉钱根本就不够花，赚的经常没有花的快。这也是微观经济学视角与宏观经济学视角的不同之处。从理论上看，总收入增加到一定程度，消费的增速会慢于收入的增加，例如你月入百万，且增速还不小，那么你每天锦衣玉食，甚至挥霍无度，你新增的消费速度比起来收入的增速还是有所不及的，因为消费的基数已经很大了，以豪车为例，百万级别的豪车以上再升级，速度肯定要慢于十万级的家用车。当然，这是一个基于消费心理学的定律，也一直存有争议。但对我们中国人来讲，这个定律是成立的，就是随着收入的增加，储蓄的比例会越来越高，因为未来要买房子、车子，要养孩子。总之，这个定律的结论就是人们花钱速度慢于赚钱速度，使得新增的消费需求不足。换句话说，人们有钱却不愿意花。

（2）资本边际效率递减规律

宏观经济学经典教材中对资本边际效率的定义是："资本边际效率（MEC）是一种贴现率，它能够正好使一项资本品在其使用期内各预期收益的现值之和等于这项资本品的供给价格或重置成本（现值）"[①]。对于这个定义如果没有学习过经济学的读者会一头雾水，不明所以，因为这个概念描述的资本边际效率

---

① 《西方经济学》编写组．西方经济学（第2版）下册 [M]．北京：高等教育出版社，2021：48.

使用了财务估值模型作为定义，也就是它的计算方式，而不是其隐含的经济学思想。其实简单理解，凯恩斯的"资本边际效率"的概念就是一个预期收益率，例如你现在打算拉几个好朋友一起创业，大家合伙办个企业，那么你首先得思考创业得投多少钱，之后大概能赚多少钱，这样你就有了一个大概的"预期收益率"，再简单点，"预期收益率"用老百姓的话说，就是以后能不能赚到钱。这种解释应该足够接地气了吧，实际上好的思想都应该是简单明了且直指本质的，正所谓"大道至简"，之后才是在此基础上不断扩展的模型。

凯恩斯的第二个定律就是资本边际效率递减规律，其产生的具体原因在教科书中有详细且枯燥的解释，简单理解就是任何一个行业不可能永远保持极高的收益率，如果一个行业赚钱，大家都会一窝蜂扑过来，之后生产成本就会起来，因为大家都在往里面投资，会把资本品的价格也就是成本拉起来。同时产品也会越来越多，尽管这种产品之前的收益率极高，但生产多了，价格也就逐渐回落了。所以这就造成资本边际效率递减。读者请注意，这个解释是从投资收益率的角度解释，仍然没有到达凯恩斯思想的核心。凯恩斯经济思想的精华在于"预期"二字，这个定律的本质是人们对于未来投资赚不赚钱的一个判断。就是说，放长线看，大家会觉得一个行业无论现在收益率有多高，未来都不一定保证永远赚钱。例如中国的房地产，曾几何时，成为财富图腾一样的存在，预期收益率已经超出了大气层，而放到更大的周期，也总会有下降的时候，更别说其他行业了。

总之，第二个定律的结论就是人们有钱不愿意投资。

（3）流动性偏好

这个定律就很容易理解了，凯恩斯说钱是个好东西，人们都喜欢钱，如果说前两个定律存有争议的话，那么这第三个定律相信没有人会反对，不喜欢钱的人大概率是在说谎。人们为什么喜欢钱，凯恩斯给出了三个理由，也就是三个动机，第一个是交易动机，简单说就是钱花着方便，想花随时可以花，没人拦着你，所以个人或者企业手头都得备着点零花钱，这一点上钱比其他资产都要方便，你有再多的房产，你拿着房产证去菜市场抵押买菜恐怕也很难实现。第二个是预防(谨慎)动机，用老百姓的话叫作"过河钱"，谁家里都得备点，万一有个天灾人祸，风吹草动，谁也不知道未来是不是永远一帆风顺，不知道明天和意外哪个先来，谨慎点没有坏处，手头放点钱，以备不时之需，总比到时候求借无门、一地鸡毛强。第三个是投机动机，这个也很容易理解，手里有钱，买房子能赚钱，买股票能赚钱，买黄金也能赚钱，做投资或者投机岂非乐事一桩！通过这三点，凯恩斯论证了所有人都喜欢钱确实是天经地义的，钱的好处千千万，几天几夜恐怕都说不完，只不过凯恩斯总结了三个最重要的动机，如果论证到此为止，那么凯恩斯等于在说废话，因为钱是好东西没有人不知道，凯恩斯为什么长篇大论连小孩子都懂的道理呢，接下来的结论才是重点，那就是正是因为钱是好东西，所以人们会倾向于把钱放在手里，不愿意花出去，不愿意投出去，因为放在自己手里，藏在自己枕头底下最踏实，这就是凯恩斯所说的"流动性偏好"。正是因为人们喜欢货币的流动性，结果造成了货币只是持有在手里，结果就"不流动"了，这才是凯恩斯论述的目的。这种思想与马克思的思想恰好不谋而合。第三个定律的结论就是人们都喜欢钱，偏好钱的流动性，所以钱就只放在手头，也就是储蓄倾向增加。

小结一下，凯恩斯的三大定律第一个结论是人们有钱不花（不消费），第二个结论是人们有钱不投（不投资），第三个结论是人们有钱都放在手头。基于这三大定律得出了一个重要结论，那就是有效需求不足。人们消费和投资都不足，又习惯把钱放在手头持有，当然就需求不足了，不能拉动经济，不能增加财富。而这三大定律都基于人的先天本性，所以有效需求不足是先天不足，是经济与财富必须面对的先天问题。可见古典学派把一切都交给"看不见的手"去顺其自然地解决问题的思想从根本上就是错误的，一个先天不足的人你让他顺其自然只能是残疾到底，必须后天补救。

至此，有效需求不足的思想论证完毕，接下来凯恩斯会继续论述经济危机状态下的经济与财富状况，尤其是"流动性陷阱"的危害，并给出危机中的药方：不是古典学派传统理论的勤俭，而是扩大支出，甚至是浪费式的举债支出。

5.流动性陷阱与政府支出

"流动性陷阱"是宏观经济学中的一个重要概念，学习过经济学的读者都知道，其大意是当利率降到较低的水平时，市场参与者对利率变化不再敏感，利率继续降低的效果不佳，货币政策接近无效。解释一下，通常利率下降时，可以理解为开闸放水，资金成本较低，人们会更多借贷以进行投资，包括投资实体经济或投资金融市场，但利率低到一定程度时（通常2% 为拐点），人们就不会继续投资。凯恩斯关于流动性陷阱的论述如下："已经低到譬如说 2% 的利息率会使得他们对利息率在将来上涨的害怕心情大于对其下降的希望，因为这种低水平的利息率所能提供的利息收入只能补偿很小程度的利息率的上涨带来的债券价值上的亏损。"① 在此有必要说明一下，凯恩斯《通论》中的原意并非将"流动性陷阱"视为经济萧条甚至危机时的情况，而是在经济正常运行过程中，人们保持理性，并非丧失信心的状况。当利率下行时，开闸放水，水涨船高，证券市场会随之上涨，此时人们都来买债券、股票等各类证券，股市、债市一片红火，此时人们并不担心万一货币政策掉头向上，证券市场下跌的情况，因为即使这种情况发生，即利率上涨，股市下跌也没关系，此时利率水平仍在高位，意味着持有证券的红利利率（和市场利率正相关）水平也较高，红利收入完全可以弥补利率掉头向上带来的股市下跌的损失风险，甚至还高于这个风险值。而当利率越降越低，达到2%（具体计算过程省略）时，此时红利收入对于利率有可能掉头向上造成的证券市场损失恰好能完全弥补，二者相等，盈亏平衡。但如果利率仍然继续下降，尽管股市仍在上涨，但风险厌恶者就要小

① 凯恩斯. 就业、利息和货币通论 [M]. 北京：商务印书馆，1999：87.

心了，此时万一较低的利率水平掉头向上，股市下跌的风险靠较低的红利水平已经无法弥补了。此时最理性的选择是不要继续买股票了，该考虑撤出证券市场了。这就是凯恩斯在《通论》中对于"流动性陷阱"的原意，即利率在 2% 以下时，有多少钱都得谨慎点，最好别投资股票了，踏踏实实揣在兜里，理性的投资者会保持谨慎和观望，不再买入证券。此时，增发再多的钱也不会进入投资领域，"流动性"就进入"陷阱"了。后人将凯恩斯的思想更进一步演绎，既然在正常的经济情况下，利率低的时候都有"流动性陷阱"，那么经济萧条甚至危机时，"流动性陷阱"的效应就更明显了。此时，尽管政府的货币政策会尽量宽松，利率会一降再降，但企业和个人都信心不足，百姓不敢消费，企业不愿投资，央行放出来再多的钱也进不了实体经济，只能在银行体系内部体内循环，对经济危机无能为力。这也是 1929—1933 年大危机时的状况。此时，"流动性陷阱"效应非常明显，而古典派经济学家的传统理论要求人们节衣缩食、厉行节俭，凯恩斯认为这种情况无异于雪上加霜，坐以待毙。于是提出了政府必须挺身而出、当机立断。在货币政策掉进"流动性陷阱"失效的情况下，只有实施财政政策才能立竿见影，政府必须大举支出，无论哪种方式，总之必须支出，甚至浪费式的举债支出也远远好于坐着等死："'浪费式的'举债支出在得失相抵之后还是可以增加社会的财富。如果我们的政治家们由于受到古典学派经济学家的熏陶太深而想不出更好的办法，那么，造金字塔、地震甚至战争也可以起着增加财富的作用。"①笔者在前面提到过"破窗效应",凯恩斯的思想就是认为地震甚至战争看起来都是破环,但结果会拉动刺激经济,引发乘数循环的财富效应,也远好于古典学派的坐以待毙。此观点尽管略显偏激,但纵观历史,世界大战的爆发往往源于经济危机引起的各种矛盾,尽管人们都讨厌战争,但现实就是如此残酷。如果说战争和地震这类天灾人祸过于残忍的话,那么凯恩斯又提出了一个类似笔者大学时代玩过的一个叫作"大富翁"的游戏:"如果财政部把用过的瓶子塞满钞票,而把塞满钞票的瓶子放在已开采过的矿井中,然后,用城市垃圾把矿井填平,并且听任私有企业根据自由放任的原则把钞票再挖出来,那么,失业问题便不会存在,而且在受到而由此造成的反响的推动下,社会的实际收入和资本财富很可能要比现在多出很多。确实,建造房屋或类似的东西会是更加有意义的办法,但如果这样做会遇到政治和实际上的困难,那么,上面说的挖窟窿总比什么都不做要好。"②在这段话中,凯恩斯的逻辑就是政府无论如何要想方设法扩大支出,如果能投资基础设施,修桥铺路,建造房屋当然最好,要实在找不到支出途径,干脆玩上面的游戏,尽管毫无意义,但至少能扩大就业,增加收入,也在增加财富,恢复经济。

至此,反方一辩凯恩斯全方位、多角度、无死角、火力全开地对正方的思想、理论、逻辑、观点进行了体系化的批判。

---

① 凯恩斯. 就业、利息和货币通论 [M]. 北京:商务印书馆,1999:133.
② 凯恩斯. 就业、利息和货币通论 [M]. 北京:商务印书馆,1999:134.

凯恩斯先是抓住正方思想逻辑的漏洞，即储蓄自动转化为投资这个致命疏忽进行攻击，之后又建立了基于有效需求的逻辑说明了"看不见的手"存在先天不足，最后论证了如何在经济萧条时扩大支出，避免或减缓危机。凯恩斯以一己之力将古典学派批判得体无完肤。

接下来压轴登场的是功力最深厚的绝顶高手——马克思。

（二）反方二辩：马克思（马克思学派）

马克思首先对储蓄进行批判："他关心的只是社会形式的财富，因而他把这种财富埋藏起来不让社会见到。他追求的是具有永远适于流通的形式的商品，因而他把这种商品从流通中抽出。他热衷于交换价值，因而他不进行交换。……为了想象中的无限享受，他放弃了一切享受。因为他希望满足一切社会需要，他就几乎不去满足必需的自然需要。他把财富保存在它的金属实体中，他也就把财富化成幻影。"[1] 这段话既能反映马克思的经济学与哲学的思想功力之深，也能体现马克思的文采。马克思从社会性、流动性角度批判储蓄者弄巧成拙、舍本逐末，货币本身是社会性的财富，只有流通起来才有价值，才能成为财富。储蓄者得到钱后束之高阁，财富的社会性就没了；本来货币是最适合流通的商品，流动性在万物中最佳，但储蓄却把这种流动性完全抽离；储蓄者喜欢货币因为货币有交换价值，但钱拿到手里再也不交换；守财奴守着钱为了想象中的并不存在的无限享受而放弃了现实中的一切真实享受；当用储蓄的形

---

① 　马克思恩格斯全集（第13卷）[M]. 北京：人民出版社，1962：124.

式保存财富时，财富成了幻影！如果说凯恩斯的思想论证了储蓄不能自动转化为投资，那么马克思更加深刻地指出，储蓄不但不能保存财富，而且可以直接摧毁财富！马克思的思想高于其他经济学家的重要原因在于，马克思的哲学修为是大部分经济学家们望尘莫及的，马克思的思想具有批判性的反思精神，他首先对于"财富"本身进行反思，然后再去讨论如何增加财富，他对于财富的理解就会明显高于旁人，经济学家们只是看到了财富就是商品或者货币的增加，也就是 GDP 或者收入 Y 的增加，而马克思更加强调了财富的社会性，如果个人保存了财富，那么对于社会来讲不但无益，反而有害，等于直接毁灭了财富。

接下来，马克思对消费的意义从更高的视角进行了论述："实际积累的财富的总量，从他的数量来看……同他所属的社会的生产力比较，是完全微不足道的；甚至只是同这个社会的仅仅几年的实际消费来比较，也是如此……不先满足必要的需要，就不能有任何积累；而且人类愿望的巨流是追求享受；因此，在任何时候，社会的实际财富的数量，相对地说，都是微不足道的。这是生产和消费的永久的循环。在这庞大的年生产和年消费中，一点点实际积累几乎算不了什么……人们总是用惊异的目光盯在这个积累的财富上，特别是他们集中在少数人的手里的时候。但是，每年生产的大量财富，却像大河中的永不停息的、无穷无尽的波涛一样滚滚而来，并消失在被人遗忘的消费的汪洋大海中。然而，正是这种永恒的消费，不仅是一切享受的条件，而且也是整个人类生存的条件。"① 马克思的这段话非常精彩,也对这场跨越古今的"富国"大论战进行了完美的总结。细细品味,我们会愈加感叹马克思主义思想的伟大! 他看问题所站的高度是远远超过别人的, 他指出了财富的社会性、流动性、历史性, 思想之深刻, 视角之宽广已经远远超出了这个辩题本身, 其他辩手们还在就事论事, 陷入思想论战中喋喋不休, 而马克思提醒人们要超越"富国"与"财富", 他指出人们都把目光聚集在眼前的财富的积累, 而没有注意到财富的循环过程, 财富的增加不在于靠储蓄积累, 而在于其不断增加又不断被消费的过程, 其背后是巨大的生产力与消费的汪洋大海, 消费才是永恒的动力, 也是人们生存的条件。就好比一个人一生中至少要消费几吨重的食物(财富), 而体重也就一二百斤, 衡量一个人的健康程度恐怕不只是体重的大小, 而是在漫长的循环过程中他的平衡状态。

马克思的论述升华了辩题本身, 也升华了整个论战的过程。至此, 这场漫长的关于"富国"的大论战告一段落, 笔者在这轮论战中加入了各个门派经济学大家们的思想理论, 在比较他们的观点时, 我们会体会到"横看成岭侧成峰, 远近高低各不同"的辩证性与艺术性。如果你只用黑白对错来总结就没有体会到本书的意图。实际上, 对于经济学家们论战过程的分析也让我们理解了经济问题的复杂性与人性的复杂性, 经济学家们各出绝招, 针锋相对的精彩论战也让我们感受到了思考的快乐, 批

---

① 马克思. 资本论(第 2 卷)[M]. 北京:人民出版社,2002:358—360.

判的美感，看顶尖高手们过招也会让我们感慨："强中自有强中手，一山更比一山高"！

第一场辩论赛到此结束，如果读者意犹未尽，那么下一场辩论赛，也是本场辩论赛的姊妹篇马上开始。

# 第二节　财富论战

本场论战可以看作上一场论战的姊妹篇，上一场论战是关于富国的论战，从字面上看就是国家如何富起来，财富如何增加，也是关于经济学中"储蓄悖论"的展开，让我们明白了勤俭储蓄在表面上可以增加个人的财富，但实际上损害了他人的、国家的、经济体的财富，消费享乐看起来损害了个人财富，但实际上增加了他人的、国家的、经济体的财富，而且是成倍增加，良性循环。

本场论战的重心转移到财富本身，来讨论钱（货币）和物（货物）到底哪个是财富，至于辩题中为何用"货物"而不用"商品"，笔者在这里先卖个关子，看完辩论赛的全过程，读者自然就明白了，这个辩题看起来似乎没有太大的意义，因为不仅钱和物都是好东西，哪个多了似乎财富都多了，而且二者在经济学中往往不做严格区分，经常混为一谈。例如在讲到商品经济时，商品都用市场价值的数字来表示，也就是默认为二者是等同的，本质是一致的，遍览经济学教科书，也没有哪本教材会对货币和商品哪个更有价值，哪个更能代表财富做出解释，甚至都鲜有提及。因为在市场上，货币和商品是可以随时互相转换的。关于这个辩题笔者曾在课堂上让学生做出选择，选项一"货币是财富"，选项二"货物是财富"，选项三"货币和货物都是财富"，选项四"货币和货物都不是财富"，结果选项三占比最大，其次是选项二，再次是选项一。很有意思的一个结果，不知道读者对于这四个选项如何选择。

这场辩论到底有什么意义，是否值得这些顶级经济学家们又一次的华山论剑呢，读者们看完这场辩论应该会找到答案。

## 一、辩题及参赛队介绍

（一）辩题：孰为财富：货币还是货物？
（二）参赛队：
正方代表队：重商主义学派
反方代表队：古典学派
评委：马克思

## 二、正方论述

（一）正方一辩：托马斯·孟（重商主义学派）
首先登场的正方一辩依然是重商学派的托马斯·孟："对外贸易是增加我们的财富和现金的通常手段，在这一点上我们必须时时谨守这一原则：在价值上，每年卖给外国人的货物，必须比我们消费他们的为多。只有从我们的对外贸易的差额所带进我国的财富,才是会留在我们之间,并且从而使我们致富的。"①
关于托马斯·孟,我们在上一场辩论中已经介绍过,是重商学
派的代表人物,在重商学派的理论中,关于贸易的学说占比很大,
这段话就是重商学派的典型思想逻辑,即在国际贸易中,一国
要尽量做到卖出的货物大于买入消费的货物,这个差额才是能
留下的财富,本国才能致富,用经济学的说法就是一国要尽量
做到出口额大于进口额,即贸易顺差,这个"顺差"就是财富,
这段话所隐含的思想无疑就是货币财富论,因为多出口,少进口,
就意味着货物净出口到国外,而货币(金银)流入国内。于是,
我们首先看到了这个辩题的第一个意义,就是坚持货币财富论
还是货物财富论在国际贸易策略的取舍上有截然不同的意义,
对个人来讲,如果你坚持货币财富论,那就多卖货物,多赚钱;
如果你坚持货物财富论,那就多买货物,多屯货。对一国来讲,
如果坚持货币财富论,那就尽量多出口,赚取更多外汇(金银);
如果坚持货物财富论,那就尽量多进口,获取更多货物。而国
际贸易的各种理论学说中,包括关税壁垒等政策等都隐含这以
上我们的辩题中的相关思想。例如,我们都知道,美国打着亚
当·斯密自由主义的大旗,近代以来往往都说一套做一套,历
任美国总统都对提高关税乐此不疲,从林肯总统开始:"对于关
税我知道的不多,但我确实知道当我从英格兰买一件上衣时,
我得到上衣,英格兰得到了钱;当我在美国买上衣时,我得到
上衣,而美国得到了钱。"这段话的言外之意,卖出货物(上衣)

---

① 托马斯·孟. 英国得自对外贸易的财富 [M]. 北京: 商务印书馆, 1997: 21.

的一方显然是利益获得者，因为得到了"钱"，那么对外加征关税，让人们尽量购买美国的货物似乎就是天经地义的了。美国总统的这一思想几乎一脉相承，不分党派，特朗普将之推向极致："我们的国家是建立在关税之上的，关税现在正引导我们达成新的伟大的贸易协定——而不是我作为你们的总统继承下来的可怕和不公平的贸易协定。其他国家不应该被允许进入并窃取我们伟大的美国的财富。绝不！"可见，经济学思想不只存在于教科书中，更体现在各国的政策和博弈中。

小结一下，正方一辩从国际贸易出发，站在本国的视角给出了货币财富论的论述，货币是财富，所以一国要尽量多出口，少进口，保持顺差就积累了货币（外汇、金银），财富就增加了。

（二）正方二辩：约翰·罗（重商主义学派）

约翰·罗是经济学史上一位充满争议和传奇色彩的经济学家，马克思评价约翰·罗"既是骗子又是预言家"[①]，纵观其人生经历与思想理论，这个评价可谓恰如其分。约翰·罗其人生性放荡不羁，爱好赌博，沉溺酒色，但极具经济学天赋，尤其货币金融业务能力极强。在亚当·斯密为代表的古典派的货物财富论大行其道的年代，约翰·罗不但反其道而行之，信奉货币财富论，甚至提出了"纸币财富论"。他也是世界上最早提出"信用财富论"思想的经济学家，这种极其超前的经济思想在那个年代可以说冒天下之大不韪。约翰·罗说："贸易和货币是相互依赖的；贸易衰落，货币便减少，货币减少，贸易便衰落。实

---

① 马克思. 马克思恩格斯全集（第25卷）[M]. 北京：人民出版社，1975：499.

力和财富就是人口，以及所拥有的住宅和外国商品；这些都取决于贸易，而贸易又取决于货币。所以，贸易和货币是互为因果的，一方对另一方有直接的影响，也就是说，其中任何一方遭到损害，两者都必然受到影响，因而实力和财富是不稳定的。"[①]

约翰·罗的著作及理论思想提出的背景是荷兰的崛起与苏格兰的没落，荷兰的自然资源与人口等生产要素全面且远远落后于苏格兰，但凭借贸易顺差积累了金银货币，鹿特丹港是当时全球贸易规模最大的港口，阿姆斯特丹银行逐渐成为全球货币金融中心，自然资源非常匮乏的荷兰甚至一度成为世界上最富有的国家。苏格兰恰恰相反，丰富的自然资源与人力资源都因为缺乏货币而无法运转，甚至成为沉重的负担。因此，约翰·罗认为货币才是真正重要的财富，有了货币，苏格兰的各种困境迎刃而解，丰富的自然资源与人口红利都可以进入良性循环，在约翰·罗的金本位时代，金银货币的获得还只能依靠对外贸易的顺差慢慢积累，约翰·罗干脆提出了远超其时代的"信用财富论"思想，认为毫无价值的纸币也可以充当财富，用纸币可以迅速解决苏格兰的问题，没有必要慢慢积累金银来解决这些迫在眉睫的经济问题，依靠信用发行纸币可以马上解决所有积聚的重大经济问题，苏格兰被动的局面可以迅速扭转。

约翰·罗的经济、货币思想在今天看简直再正常不过，各国政府面对本国的各种经济、金融问题，本能的应对就是货币刺激政策，即打开印钞机发行货币，成本极低且效果极佳，简

---

①　约翰·罗. 论货币和贸易 [M]. 北京：商务印书馆，1997：74.

直是包治百病的良药！美国将这一思想用到了极致！时至今日，美国的零利率早已不足为奇，甚至负利率大家都见怪不怪了。至于这样做的后果——通货膨胀是另一个问题，完全可以慢慢再说。所以，马克思评价其一半是预言家，今天看来的确如此。

今天看约翰·罗是预言家，而当年的约翰·罗则被人们当成了骗子，他的思想及理论在苏格兰被人嗤之以鼻，大肆嘲笑。于是，郁郁不得志的约翰·罗辗转来到法国巴黎，几经波折，约翰·罗的思想和建议被法国采纳，当时法国财政赤字高企，摄政公爵与约翰·罗是至交好友，于是，约翰·罗的"信用财富论"思想登堂入室，在法国开始了实践。1716年，在约翰·罗的组织筹备下，通用银行（后更名"皇家银行"）正式成立，以法国王室信用为保证，以法国土地为抵押开始发行纸币，这在世界经济金融史上是石破天惊、开天辟地的大事。纸币发行之初，非常成功地解决了法国一系列棘手的经济问题。而尝到了甜头的法国皇室开始乐此不疲，就像当代各国政府一样，迷上了纸币的发行。所谓"成也萧何、败也萧何"，法国纸币开始无节制地滥发，之后经济危机的爆发也就可想而知了。这次危机的导火线就是经济史上著名的"密西西比计划"，具体的过程限于本书篇幅就不详述了。大致是因为在纸币滥发的基础上，约翰·罗又开始策划印发大量股票，将各类信用货币进一步无节制地扩张。于是，之后的流程在经济史上多次重复，我们已经很熟悉了，就是通货膨胀加剧，到达拐点后，纸币开始急剧贬值，人们抛售股票，从货币危机开始演变为金融危机，进而成为经济危机，法国的金融体系彻底崩溃，约翰·罗于1720年仓皇出逃，九年后死于贫病交加。如今看来令人唏嘘，天才与疯子之间的界限有时并不明显。骗子和预言家也可以体现在同一个人身上。

（三）评委点评：马克思（马克思学派）

马克思对正方（重商主义）的点评："货币主义（重商主义）的创始人宣布金银即货币是唯一的财富。他们正确地说出了资产阶级社会的使命就是赚钱，从简单商品流通观点来看，也就是积聚既不蛀又不锈的永恒的财宝。"[①]货币财富论在经济学史上一直被古典学派所代表的反方压制，但马克思给了重商主义学派客观的经济史上的地位，因为重商主义学派指出了资本主义的核心使命就是赚钱，也就是积累金银。

## 三、反方论述

（一）反方一辩：亚当·斯密（古典学派）

关于货物财富论，在斯密的著作中有多处体现，斯密反对重商学派的货币财富论："对于货币，一切人都是商人。我们购买货币都是为了把它再行售卖；就货币说，在一般情况下，是不会有最后的购买者或消费者的。"[②]在这段话中斯密强调货币只是流通手段，人们购买货币（赚钱）的目的是再行售卖（花钱），货币不同于货物之处在于货物是有最终消费者

---

① 马克思恩格斯全集（第13卷）[M]. 北京：人民出版社，1962：148.
② 亚当·斯密. 国民财富的性质和原因的研究（下卷）[M]. 北京：商务印书馆，1996：125.

或使用者的,而货币没有最终消费者,没有人会永远持有货币。就算你有生之年坚持持有货币一辈子,你死后这笔货币也会继续流动。不能消费的东西当然不能算作财富。那么,财富到底是什么,该如何计量,货币又应该如何定位呢,斯密接着写道:"构成社会收入的,决不是金块;社会上所有的金块,其数量比它的价值要小得多。构成社会收入的,实是购买力,是那些辗转在各个人手中流通的金块陆续购得的货物。货币是流通的大货车,是商业的大工具。像一切其他职业上的工具一样,那是资本的一部分,并且是极有价值的一部分,但不是社会收入的一部分。把收入分配给应得收入的人,固然是靠了铸币内含金块的流通,但那金块,决不是社会收入的一部分……构成社会收入的只是货物,而不是流通货物的大货车。计算社会总收入或纯收入时,必须从每年流通全部货币与全部货物中,减去货币的全部价值,一个铜板也不能算在里面。"[①]

这段较长的论述包含以下几层内容:

(1)金块不是财富,其本身不构成社会总收入,金块的数量是时间概念,某一时点上的金块总价值肯定远远小于在某一时期内作为流通手段执行的交换总价值,比如一张10元面值的钞票本身只有10元价值,但在一个月之内可能流动了10次,就执行了100元的交换价值,流通了100元的财富。

---

① 亚当·斯密. 国民财富的性质和原因的研究(上卷)[M]. 北京:商务印书馆,1996:265—267.

可见，货币本身不是财富。

（2）货币本身不是财富，只有货币的购买力才能构成社会收入，而购买力的本质就是货物，货物才是真正的财富，才构成社会总收入，所以在计算社会总收入或纯收入时，只能统计货物的价值，而不能混入货币的价值，一个子儿也不能算入其中。斯密的这种思想在今天的经济学课本里面体现得淋漓尽致，学过宏观经济学的读者会记得宏观经济学开篇第一个概念就是GDP，即国内生产总值，也被近似看作国民收入，也就是所谓的"国民财富"，它的定义是一国一年内生产的全部商品和劳务的市场价值，这个定义实际上就体现了古典经济学派的货物价值论思想，当然定义中的是"商品"而非"货物"是因为马克思的财富思想也包含在其中，后文会提到。经济学教材中关于GDP的核算与统计也强调了不能把货币的因素混入其中，即通货膨胀因素必须剔除，例如GDP平减指数等指标的使用等。否则，如果一国的商品劳务总量不变，而通货膨胀翻了一倍，名义GDP就涨了一倍，给人以财富翻番儿的错觉，故通胀因素要排除在外。这些统计方法本质上都建立在货物财富论的思想之上。

（3）货币充其量也就是个起流通作用的"大货车"，本质上是非常重要的运输工具，其本身具有价值，有"含金量"，所以才能起到运输财富并且分配财富的功能，但货币本身的价值不能被计算到社会收入中去，也就是说货币的价值只是大货车本身的价值而不是社会收入即社会财富的价值。说到底，货币本身具有价值但绝不能被计入财富中去。

斯密对财富的定义，其实也很简单："一个人是贫是富，就看他能在什么程度上享受人生的必需品、便利品和娱乐品"①，这个视角很有意思，老百姓都知道，"花出去的钱才是你自己的"，和这一思想异曲同工。财富不是看你手里有多少货币，而是你享受到了多少商品和劳务。这个看似直白的思想实际上把财富的属性定义为能给人以满足和享受的东西，包括必需品、便利品以及娱乐品。这才是实实在在的财富，而货币不能吃、不能穿，生不带来死不带走，当然不是财富。也可以说，对财富的探讨到此程度就已经涉及哲学的领域了。

### （二）反方二辩：休谟（古典学派）

休谟是英国著名哲学家、经济学家、历史学家，学识丰富，是古典学派的重要代表人物，他在著作中多次反对信用财富论，尤其是对纸币财富论的批判不遗余力。休谟思想提出的背景是在英国的信用经济开始萌芽并快速发展阶段，此时英国银行等金融机构快速发展，在经济生活中的比重快速提升，对经济的发展起到了巨大的作用。在很多领域，金融业已经占据了举足轻重的地位。此时，各种金融票据开始在经济中大量流通，包括银行支票、各种银行券、银行汇票以及各种债券等的数量快速增加，信用货币占比越来越大。针对这种情况，休谟旗帜鲜明地反对纸币财富论及派生出来的信用财富论。他在著作中对

---

① 亚当·斯密. 国民财富的性质和原因的研究（上卷）[M]. 北京：商务印书馆，1981：26.

于信用货币扩张的途径及本质进行了详细解析，认为银行支票实际上等于基于现金的信用货币，等于凭空增加了货币数量；抵押贷款相当于把货物等实物变身成货币，尤其是把债券做抵押获得的贷款本质上是把未来的货币直接变成了现在的货币，类似的信用货币的扩张都是把本来不存在的货币凭空衍生、变化、创造出来。这种人们凭空创造出来的货币根本不是财富，会造成信用混乱扩张，结果就是物价不断上涨，一国失去竞争力，从而伤害经济，也损害了真正的货物财富，造成恶性循环。

休谟在著作中指出："我们的现行政治接受了废除硬币的唯一方法——使用纸币，拒绝了那积聚货币的唯一方法——大量囤积，同时采纳了五花八门的发明设计；所有这一切归根结底只会阻碍工业的发展，使我们自己以及我们的邻邦都失掉在技艺和自然方面的共同利益。"[①] 在这段话中，休谟指出，在传统的金本位时代，金属货币是全部的货币形式，获得货币的唯一方法就是老老实实多生产，多贸易，踏踏实实慢慢赚钱，这样货币才能慢慢多起来，个人乃至国家都是如此。现今的政治经济制度开始接受使用纸币，这就会逐渐废除硬币（金属货币），这样整个经济体系会受到巨大冲击，以往的平衡会被完全打破，后果是不堪设想的，会使得本国和邻邦都失去共同利益，因为大家的工业生产都会被阻碍："不过要是人为地致力于扩大这样一种信用，恐决不会对任何贸易国家有利，而是使这些国家蒙受不利；因为超出同劳动和商品的正常比例来增加货币，只能

---

① 休谟. 休谟论文集 [M]. 北京：商务印书馆，1997：66—67.

使商人和制造业主要出更高的价格去购买这些东西。"① 休谟进一步指出，如果纸币规模不断扩大，信用货币会泛滥，就会对一国贸易不利。典型的例子就是英国扩张信用货币，造成货币供给人为增加。货币泛滥必然造成物价上涨。国际贸易的常识告诉我们东西贵了大概率就不好卖了，所以出口必然下降。于是英国的进口大于出口，而进口国只接受英国的金属货币，于是造成英国的金属货币流出，进一步恶化了英国的经济形势。

在批判纸币财富论以及信用财富论的基础上，休谟的观点比较极端，那就是必须坚决废除纸币，消灭信用："我对银行纸币信用存有疑虑，要消灭纸币信用，让硬币随着纸币的取缔而卷土重来"②，具体的办法是："只有银行打破目前流行的惯例，把收进来的钱都锁起来，永不把金库回收的部分投入商业，以避免增加流通中的货币，——只有这样的银行才是最有益的。"③ 这种思想和做法在今天看来简直是无法想象的，试想，如果世界上所有的银行取消贷款，废除所有信用货币，银行变成保险柜，货币只进不出，恐怕离世界末日就不远了。当然，休谟看到了以纸币为代表的信用货币对于物价的巨大冲击以至于破坏实体财富，看到了纸币泛滥对财富的稀释，甚至对于传统伦理道德认知体系都有巨大影响。这一思想时至今日也有其意义，因为通货膨胀对于个人收入的侵蚀是当今时代大多数人都在亲身经历的痛苦与无奈，甚至

---

① 休谟. 休谟论文集 [M]. 北京：商务印书馆，1997：31.
② 休谟. 休谟论文集 [M]. 北京：商务印书馆，1997：30.
③ 休谟. 休谟论文集 [M]. 北京：商务印书馆，1997：31.

对劳动致富这一传统美德的认可程度都要大打折扣，的确，从金银时代的铸币开始出现就意味着通货膨胀的幽灵注定要伴随人类相当长的时间了，也有可能是永久，纸币以及信用货币的出现以及扩张大大加剧了这个问题。但是，休谟没有看到信用货币的巨大的财富效应，关于这一点，凯恩斯曾有大量的论述。硬币从来都是两面的，休谟看到了其中负的一面。诚然，通货膨胀是我们极其讨厌甚至深恶痛绝的，但到目前为止，这也是经济增长、财富增加过程中无法避免的副作用，尤其是经济体生病的时候，利用货币政策增加货币的供给来解决燃眉之急一直是百试不爽的灵丹妙药，而通货膨胀则不可避免地成为这剂猛药的最主要的副作用之一。休谟对于通货膨胀的深恶痛绝我们都感同身受，感情上完全理解这种思想，但经济学毕竟是理性的。物价的上涨带来的结果是复杂的，如果带来的是利润的上涨快于成本的上涨，则对经济体是绝对有益的，经济会进入良性循环，那么财富就会增加，通胀的结果就是财富的重新分配，至于"不患寡而患不均"则是另一个问题了。而如果物价上涨带来的是成本的增速快于利润，那么就进入恶行循环，财富自然就被摧毁了，也就是让人头疼的"滞胀"现象。总之，休谟的思想虽然看到了纸币以及信用扩张的副作用，但没有看到经济历史车轮滚滚向前的大方向，而废除纸币，恢复金本位在今天看则完全是"因噎废食"了。

## （三）评委点评：马克思（马克思学派）

接下来马克思将对以上两场辩论赛进行总结陈词，以下用三段话进行总结："商品只有当它保持在流通领域的时候，才能作为财富，只有当它硬化为金银的时候，才能保持这种流动状态"[①]；"如果贮藏货币不是经常渴望流通，它就仅仅是无用的金属，它的货币灵魂就会离它而去，它将变成流通的灰烬，流通的骷髅"[②]；"财富是作为社会过程存在，这个社会过程表现为生产和流通的错综交织"。[③] 这几句话内容虽少，但细细品味，就会感叹马克思思想的高明伟大之处，就会体会到马克思在诸多经济学大家中依然是鹤立鸡群的存在。关于财富，马克思没有局限在到底货币是财富，还是货物是财富，抑或二者都是财富的辩题本身，而是直指"财富"的核心，那就是财富的"社会过程"，具体表现在"流通"二字，马克思从经济体的社会循环过程中看到了财富的增加的本质，所以得出结论就是循环的就是财富！为什么本辩题中所用的词语是"货物"而不是"商品"的谜底此刻也可以揭晓了，一个原因是亚当·斯密的著作中多处使用了"货物"一词，另一个原因就是借此凸显马克思比亚当·斯密在论述这一问题的高明之处，马克思指出流通中的货物，也就是流通中的实物商品就是财富，只有当货物"硬化为金银"，也就是只有工厂、商店中的货物卖出去了，才成为财富，否则即使堆积如山，也不是财富，对经济没有任何积极作用，只会

---

① 马克思恩格斯全集（第13卷）[M]. 北京：人民出版社，1962：118.
② 马克思恩格斯全集（第13卷）[M]. 北京：人民出版社，1962：121.
③ 马克思恩格斯全集（第13卷）[M]. 北京：人民出版社，1962：124.

暗示老板明年不能生产这么多卖不出去的货物了，必须缩减生产，裁减员工。货物如此，同理货币更是这样，货币本身最大的特性就是流动性，马克思指出只有当货币流动起来，才是有"灵魂"的，否则就是"骷髅"，也即流通中的货币是财富，如果被贮藏起来，那么它代表的财富立刻灰飞烟灭，成为"灰烬"。

　　按照马克思的思想，可以总结以上两场波澜壮阔、跨越时空的大辩论了，那就是经济与财富都是"社会过程"，是永不停息的循环。在这个过程中，流通中的货币和商品都是财富，通过这一循环过程财富被创造又被消费，之后更多的财富又被创造出来。财富离开了社会循环过程，立刻就不存在了，离开社会循环过程的货物只能积压仓库，变成储蓄、无法流通的货币则会成为无用的骷髅。可见，经济是货币、货物的社会财富循环过程，也是消费、生产的社会经济循环过程。这一过程永不停止，生生不息，世世代代，永永远远！

# 第三章　货币思想论战

在经济学史上，货币领域的思想、理论、学说论战尤为激烈，从政府到学术界关于货币思想及其基础上的货币政策等一直论战不断，充满争议。论战内容几乎涉及金融学的每一个思想领域。例如，关于金属本位与信用本位的论战，关于货币数量思想的论战，关于固定汇率与浮动汇率制度的论战，等等。本章中将选择有代表性的重要的货币思想论战案例进行分析总结。

## 第一节　货币供求论战

学习过经济学的读者都知道，经济学最基本的概念就是供给和需求，入门的第一课学的就是供求与价格。同样，金融学最基本的概念也是供给和需求，只不过经济学研究的对象是商品的供求，金融学研究的对象变成了货币的供求，但都是最基本、看似最简单的概念，也是金融学学科最基础的部分，可以说相当于金融学大厦的地基，这个基础本应该毫无争议，经济学的供给和需求定义应该讲是清晰、简单、明了，而且是被大家认可的概念，可是金融学关于货币供求的定义则存在巨大争议，在接下来的分析中，我们会发现金融学最基础的部分却是如此脆弱，让人不禁唏嘘，今天金融领域已经是经济学中最重要的部分，金融学的研究更是如火如荼，各种包装精美、高大上的数学模型让人眼花缭乱，毫无疑问它是经济学研究最前端，也是最高端、最有前景的部分。金融学专业毫无疑问是经济学科中最受欢迎的专业之一。而这座摩天大厦的最根基的部分到底能否承担如此的重任，是要画上巨大的问号的。接下来我们从货币的供给开始说起。

## 一、货币供给论战

### （一）权威经典定义及萨缪尔森的视角

关于货币供给，《新帕尔格拉夫经济学大辞典》给出的最权威的定义是："货币供应量可以用国内公众所持有的货币总量来表示。"[①]这一定义极其简单，货币供给量就是人们持有的货币总量，学习过宏观经济学的读者可能有印象，似乎货币需求定义也是人们持有的货币量，这种混淆后文会分析。这里我们先聚焦这个定义的视角，它是一个存量的时点概念，就是某一时点

---

① 新帕尔格拉夫经济学大辞典（第 3 卷）[M]. 北京：经济科学出版社，1996：565.

上国内所有的货币量。当代著名经济学家萨缪尔森在其著作《经济学》中提道："货币 $M_1$ 的供给包括处在银行之外的硬币、处在银行之外的纸币和一切银行的活期存款。"[1]萨缪尔森是新古典综合学派的创始人，其经典著作《经济学》综合了古典学派的微观经济学思想及凯恩斯的宏观经济学思想，是当今世界最畅销的经济学教科书，全世界众多高校的经济学课堂都在使用这本教材，对中国的经济学同样意义重大。这本书首次将西方经济学的整个理论体系完整、系统地呈现在我们面前，可以说这本教材的思想逻辑体系影响了学习西方经济学的几代学人。凯恩斯的思想大都是在批判古典学派的思想，将这两种根本并不相同，甚至水火不容的思想，统一成为一个思想理论体系，显然难度是极大的。回到货币供给的思想上来，目前主流的经济学教科书中关于货币供给的定义视角与思想都是完全一致的，与萨缪尔森在《经济学》中的逻辑相同，传统经典的货币供给定义给出的视角就是世界上一切现存的货币，包括现金、活期存款、定期存款，等等，甚至假设你把现金埋在你们家院子里的大树下永远不挖出来，它也是货币供给，因为之前银行发行的时候就已经统计过了，你一万年不用，也算货币供给。可见，这个定义的思想只具有统计意义，至于这个货币"供给"是否能真正实现货币的"供给"，这个定义是不考虑的。有人会说，这么辩论是不是有点矫情，钱嘛，早晚会花的，埋在树底下一万年不用岂不是接近抬杠了。问题是现有的货币供给数量确实有相当一

---

[1] 保罗·萨缪尔森. 经济学（第10版）（中文版）[M]. 北京：商务印书馆，1979：395.

部分是无法实现"供给"功能的，或者说很多货币是流动性很差，甚至短期不流动的，例如储蓄就不能保证自动转化为投资，上一章曾经对此有大量的论述。尤其是经济萧条时期，货币是不流动的，也是不"供给"的，否则央行只要发行货币其他事情就完全不用操心了，这个定义最多只能算作潜在的"供给"，全部的货币量是否能真正"供给"到经济中去，从绝对意义上看，几乎是不可能的。而无论"供给"还是"需求"，从经济学的意义上，首先要经过市场交换，经过流通领域，才能算作"供给"以及"需求"，积压在仓库中无人问津的货物无论多少，都不能算作"供给"，人们心目中的无限欲望，如果不去实现不去购买只做白日梦，恐怕也不能算作"需求"。

那么，货币供给如何定义更有意义呢，我们接下来看一看约翰·穆勒和马克思的视角。

（二）约翰·穆勒和马克思的视角

约翰·穆勒在《政治经济学原理》中关于货币供给的定义是："货币的供给就是人们所要使用的货币数量，也就是人们所拥有的——除去他们所贮藏的、或至少是留供今后应急的——全部货币。简言之，货币的供给就是当时在流通的全部货币。"[①] 这个定义与萨缪尔森定义根本的不同之处在于，它的视角集中到了"流通"二字，货币供给的数量要把萨缪尔森定义中的货币供给数量减去被贮藏的不流通的部分。马克思在《资本论》第3卷中对货

---

① 约翰·穆勒. 政治经济学原理及其在社会哲学上的应用（下卷）[M]. 北京：商务印书馆；1997：17.

币供给的定义持有同样的观点："我们这里所说的通货量，指的是一个国家内一切现有的流通的银行券和包括贵金属条块在内的一切硬币的总和。"① 马克思与穆勒关于货币供给数量理论的视角都集中在了流通领域，因为流通中的货币才具有经济意义，流通中的货币能够刺激物价，形成购买力，拉动经济，流动性才是货币最根本的属性，失去了流动性货币就失去了灵魂。在公众手里，被藏在枕头底下或者埋在院子里的货币不能算作货币供给，趴在银行账户上睡大觉，没有被贷出去的款项也不能被视作货币供给。这些不流动的货币根本没有对经济形成有效"供给"，当然就不能算作供给了。这种货币供给思想同凯恩斯的货币供求思想发生了激烈的碰撞，凯恩斯在通论中提出："人们所想要持有货币量取决于他们的收入或各种物品的价格（主要是有价证券的价格）；而人们对这些物品的购买自然又成为在持有货币以外的另一种持有财富的方式。这样，收入和各种物品的价格必然会发生变化，一直到新的收入和价格水平能够使人们所想要持有的货币量的总和等于银行制度所提供的货币量时为止。当然，这是货币理论的基本命题。"② 凯恩斯的这段话关于货币供求的思想目前依然统治着西方主流学术界，这段话论述了货币市场供求如何实现平衡，其中货币供给的视角依然是银行制度提供的所有货币量，无论流通还是不流通。收入和有价证券的价格水平会使得货币的需求自动等于货币的供给（包括不流通货币）。对比穆勒、马克思与凯

---

① 马克思. 资本论（第 3 卷）[M]. 北京：人民出版社，2002：565.
② 凯恩斯. 就业、利息和货币通论 [M]. 北京：商务印书馆，1999：92.

恩斯、萨缪尔森的思想，仔细推敲，凯恩斯的这段话中首先没有考虑到在需求端被贮藏起来的货币量什么都不会购买，当然也不会去购买有价证券，在供给端，银行制度提供的货币量是否能够依靠收入和价格水平的调整全部被人们使用，或者说全部被人们获得并持有还要画一个大大的问号。现实经济中经常发生的是银行体系的新增货币无法全部贷出而只能在系统中间进行体内循环，尤其是经济衰退，信心不足的时候，显然无法依靠收入和价格水平自发调整，在上一章的辩题中凯恩斯曾经批判过古典学派储蓄自动转化为投资的思想，而此处凯恩斯却认为全部货币供给（包括暂时不流通的）能够自动全部转化为货币需求，与古典派的思想并无根本不同。也许暂时不流通的货币可以视作"潜在的"货币供给，但无法保证这部分趴在账户上的货币是否能被公众需求、获得并持有。相比之下，马克思与穆勒的思想逻辑显然更加严谨。

　　按照马克思与穆勒的货币供给思想，货币供给的构成包括：（1）商品市场上，商品的买者购买商品，实现商品需求同时增加了货币供给，货币进入了市场进行流通。商品的卖者则供给了商品，同时也得到了货币，实现了货币需求。可见，商品的买者供给货币同时实现了对商品的需求。商品的卖者供给商品同时实现了对货币的需求。（2）货币市场的货币供给就是货币的所有者提供的贷款总量。我们可以把货币市场比喻成一个大水池，货币的所有者把钱拿出来提供贷款，就相当于往货币的水池中注水，即提供更多的货币供给，而此时缺少货币的人会从水池中借走货币以实现自己的货币需求。

　　马克思与穆勒的货币供给视角下，货币的供给量包括商品市场上全部商品购买量（商品的总需求）加上货币市场上全部的贷款量。比较马克思、穆勒与凯恩斯、萨缪尔森这两种思想逻辑，可以明显看出来，马克思与穆勒的思想更具有现实意义，他们把视角集中到流通的货币，只研究对经济有意义的部分，至于其他部分，要看其是否能进入流通，这样就抓住了问题的最核心的部分。而萨缪尔森与凯恩斯的思想将供给变成了完全由银行体系控制的外生变量，成为模型中的不变的常数，直接割裂了供给和需求的一体两面性。同时，对于不进入流通的货币，或者说"潜在的"这部分货币没有加以区别考虑，将问题进一步复杂化。遗憾的是，马克思和穆勒的思想在主流的教科书中始终难觅身影。

## 二、货币需求论战

### （一）凯恩斯的主流定义：简单问题复杂化

　　关于货币需求的定义，虽然各类教科书中的表述略有不同，但现今主流的思想都来自凯恩斯的"流动性偏好"思想，笔者把凯恩斯原著中的相关内容引用如下："我们在上面论述的流动性偏好的三种类型可以被认为是取决于：交易动机，即由于个人或业务上的交易而引起的对现金的需要；谨慎动机，即为了安全起见，把全部资产一部分以现金的形式保存起来；投机动机，即相信自己比一般人对将来的行情具有较精确的估计并企图从中牟利。"① 其他经典的经济学著作及教材中也有相应的内容,包括萨缪尔森在《经济学》中写道:"人们需要货币最主要的原因是人们的收入和支出并不发生在同一时期。"② 中国最经典的经济学教材——高鸿业先生的《宏观经济学》中对于货币需求的定义是:"对货币的需求,又称'流动性偏好'。所谓'流动性偏好'是指,由于货币具有使用上的灵活性,人们宁肯牺牲利息收入而储存不生息的货币来保持财富的心理倾向。"③

综合以上关于货币需求的经典、主流定义,他们的思想是一致的,都把货币需求定义为对于货币的"流动性"的偏好,这一点是比较容易理解,人们需要钱是因为钱具有最佳的流动性,随时能花出去解决问题。萨缪尔森说因为收、支不同期,所以需求货币提前应对。这些说法都是合情合理,也容易接受、理解。但仔细琢磨就会发现这类货币需求理论隐藏着一个很奇怪的视角,将货币需求定义成人们为了流动性而"持有"或者"储存"货币,这也就意味着人们手中为了"流动性"而保留的货币数量就成了货币需求量。这个模棱两可的视角确实非常容易让人费解。

我们来对比一下商品需求的定义就会发现货币需求的定义的视角非常特别,可以说不走寻常路,也可以说真的令人费解,用俗语说真的非常别扭、拧巴。商品需求定义的视角不是需求的目的而是实现需求的手段即商品的购买,需求量就是购买的

① 凯恩斯. 就业、利息和货币通论 [M]. 北京:商务印书馆, 1999:174
② 保罗·萨缪尔森. 经济学(第18版)(中文版)[M]. 北京:人民邮电出版社, 2008:446.
③ 高鸿业. 宏观经济学(第6版)[M]. 北京:人民大学出版社, 2014:174.

数量。商品需求的定义没有涉及为什么买商品，没有关注商品的"使用性""便利性"等，人们为什么需要商品，买到商品后如何使用等均不在定义关注和讨论的范围内，对比一下发现货币需求首先关注了需求的目的即为什么需要货币。这个奇怪的视角始终不去关注如何实现货币需求，而是关注货币需求实现之后做什么，包括交易、投机以及满足"流动性"偏好等等。商品需求只关注如何实现商品需求，即购买了多少商品，至于为什么买商品，是要交易也好、投机也好、消费也好，这些都是需求实现之后的事情，商品需求实现之后，你如何使用或消费商品不是需求定义需要关注的。货币需求的奇怪视角完全忽视货币需求的实现过程而关注货币需求完成之后的用途，包括交易、投机、贮藏等，这就极其容易和货币供给混为一谈。前文中货币供给的定义关注的核心词是"持有"，而货币需求的核心词同样是"持有"。同商品供求比较，商品需求是买，商品供给是卖。货币供给是"持有"，货币需求也是"持有"。举个简单的例子，张三手里现在持有1万元，这1万元到底是货币供给还是货币需求，按照权威主流的思想，这1万元首先是货币供给，因为这1万元肯定是央行发出来的，必然是货币供给的一部分，但同时也是货币需求，例如张三需要用这1万元炒股，属于"投机动机"。可见，商品供给和需求的研究视角是交易的过程，是动态的买和卖，而货币供求则将视角偷换成了交易前或交易后的静止状态。供给与需求本身是动词，应该描述经济的运动状态，而权威主流的货币供求则从静态的视角研究，让人感觉晦涩难懂，同时将货币供求集中到同一个静止状态就是"持有"，这个词很容易让人联想到某人手里拿着钱在静静地发呆。而这种状态既是供给又是需求，让人难以理解恐怕还在其次，众所周知，供给和需求是经济学最基础的定义，这两个截然相反的定义如果放在同一个词即"持有"的角度去研究，恐怕极容易造成相关思想、理论的混淆。举个例子，货币的需求被定义成了对货币流动性的持有，那么如果一个人手上没有现金，是不是意味着货币需求为零，也就是他不需要钱，如果读者觉得这么说似乎有抬杠的嫌疑，那么笔者再提两个问题，一个问题是当货币需求旺盛，即人们手头持有大量货币或者现金的时候，此时经济是繁荣期还是衰退期？答案是都有可能，比如可能是预期高涨，房价持续上涨，全民炒房，大家手里都拿着钱准备买房子，也可能是预期低落，房价下跌，全民犹豫，钱都拿在手里。另一个问题，当经济繁荣，交易需求和投机需求旺盛，此时物价上涨还是下跌？从常识都能判断，购买和投机交易旺盛，物价应该上涨，但运用货币需求的逻辑分析，当交易需求和投机需求旺盛，需求增加，人们手里的货币就增加，货币都在手里，就不进入流通，货币少了，货币价值上升，而商品价值下跌，所以物价下跌。这个结论显然是绝对错误的，但以上逻辑分析错在哪里，恐怕读者费尽心思也不见得能得找出来，以上的错误逻辑甚至在主流、经典的宏观经济学教材中也会出现，且不止一次。

再比如按照货币需求的逻辑，当投机需求旺盛时货币需求应该是上涨的，人们手里的货币应该是增加的，但实际情况是投机需求旺盛时，例如人们都争相购买股票全民炒股时，人们手里的货币都买了股票，手里的货币数量反而变少了。和货币需求定义的结论完全相反，类似的混乱问题甚至在主流教科书中都屡见不鲜，更不用说在其他领域了。说点题外话，笔者在学习货币需求，尤其是 IS-LM 模型时就没学明白，当时以为自己悟性太差，自怨自艾。后来一直到读博士的时候，在我的导师的启发下，从马克思与约翰·穆勒的思想中才找到了答案，解决了这个困扰我十几年的难题。那么问题究竟出在哪里？恐怕说来话长，货币需求的定义本身没有问题，但这个极其怪异、不按常理出牌的视角很容易将后人带上歧路，后人很容易跟着这个极其怪异的逻辑把货币视角固定在静态的"货币持有数量"上，但实际上最关键的问题是这个"货币持有数量"也就是所谓的"货币需求量"究竟是在交易和投机行为发生之前还是在交易和投机发生之后，以上几个例子中错得离谱的结论，但在分析过程中却看似毫无破绽的原因就在于把"货币持有量"聚焦在交易和投机行为发生之后，这就完完全全地错了，在交易和投机行为发生之后，如果按照马克思与穆勒的视角就已经是货币供给了，根本不是货币需求。按照凯恩斯的视角，这个货币需求只能勉强抽象地解释为交易和投机之前的货币持有量，按这个逻辑上面的例子就可以解释了，当交易需求旺盛时，人们炒股票的意愿强烈，所以可能东拼西凑弄了很多钱，这样就实现了货币需求，此时手头的货币持有量很大，至此凯恩斯的货币需求逻辑就应该到此为止了，这种极其怪异的货币需求视角与逻辑也只能圆到这里了，可以说是"为赋新词强说愁"。如果再进一步就会走火入魔，误入歧途了，没有相当的武功内力，根本不能继续下去了，这里也是凯恩斯逻辑的终点。至于拿着这些货币去投机是买股票还是卖股票，按照穆勒的货币需求逻辑视角完全可以解释，但按照凯恩斯的逻辑视角继续下去，后人就会必然会出现混淆了。凯恩斯对货币投机需求的定义是相信自己对行情有精确估计，比一般人都强，自己是传说中万中挑一的武学高手，能够从中牟利，但在这里就模棱两可了。到底如何牟利，这种货币需求增加的话到底是买股票还是卖股票，从凯恩斯的定义中似乎应该是为了牟利，首先是买股票，那么手里货币就减少，就出现了错误，即货币投机需求增加，持有的货币数量反而减少。如果用卖股票来解释倒是勉强能自圆其说，但问题是股市牟利从来都是低买高卖，有买有卖，即货币的持有量时增时减，甚至可能很多短线股民每天都在股市中出出入入，进进出出，不停买卖，个中情况都应该算作投机需求旺盛，而如果将视角聚焦在货币"持有"的角度，就很容易自相矛盾，想自圆其说简直难比登天。甚至经典宏观经济学教材中对 IS-LM 模型的分析部分都因此误入歧途，甚至自相矛盾，根本无法自圆其说，只能含含糊糊、模棱两可，让学生一头雾水罢了。也造成讲解这部分宏观经济学的内容时很容易讲不下去的尴尬。如果按照穆勒的视角就很容易解释，那就是买股票是需求股票，供给货币，即将货币供给到股票市场上，卖股票是供给股票，实现货币需求，也就是所谓的"落袋为安"。多么简单明了！用凯恩斯的货币需求逻辑恐怕最好就到交易需求旺盛、人们持有大量货币准备冲进股市拼杀为止吧。如果继续下去，那么毫无疑问会挤兑得后人胡说八道，狼狈不堪，主流教科书都避免不了！虽然凯恩斯的天才属性毋庸置疑，但这种思想以后人的功力确实无法承接。相比马克思思想逻辑的严谨而言，如果斗胆说凯恩斯的货币需求视角有失之毫厘之嫌，那么后人继续演绎至今则已经是谬以千里了，甚至南辕北辙！例如后人演绎的"流动性陷阱"（不同于凯恩斯本意，上一章中曾有论述）用来表述危机来临，如果人们有钱不敢消费、不愿投资，那么此时货币需求究竟是零还是无穷大，可能是交易和投机需求为零，而谨慎需求无穷大。凯恩斯将交易、投机动机与谨慎动机强行放在一处，这两类动机对于货币来讲是截然不同的，一类进入流通，一类离开流通；一类刺激经济，一类对经济毫无意义。它们的和是无穷大，首先让人迷惑三种需求各自是否都是无穷大。其次，流动性陷阱发生时，人们都在卖出股票以避险，手里的货币持有量增加，此时按照这个视角很容易得到投机需求增加的结论。而实际上人们的目的不是继续投机，而是赶紧逃出股市，那么怎能说投机需求增加呢？此时投机动机明显应该为零，这部分卖出股票的货币勉强可以算作谨慎动机，为了应对危机。而教科书中把这部分卖股票得到的货币总结为投机需求增加，因为可以为未来的投机做准备，只能说"为赋新词强说愁"。按照这个逻辑，在宏观经济学的经典模型 IS-LM 中，利率和投机需求反向变动的结论就无法自圆其说了,例如利率上涨,股市下跌,人们卖出股票,手头货币增加，按这个逻辑，货币的投机需求就增加，结论是利率上涨，货币投机需求增加。这和利率与投机需求反向变动明显相悖，这种明显的南辕北辙如何解释，这种明显的漏洞在经典教材中存在多年，无法弥补，教材中只能含含糊糊，模棱两可。其实，用约翰·穆勒和马克思的思想，这个问题很容易解释：利率上涨，股市下跌，人们就不想炒股了，"股足永弃"的梗世人皆知，远离股市，自然就不需要钱了，投机需求就减少了。至于在股市里卖股票所得货币可以解释为谨慎动机或者交易动机增加，也就是股市行情不好，就先不炒了，投机需求下降。卖掉股票把钱拿出来存起来用作不时之需，即谨慎动机增加，或者把股市里的钱拿出来吃喝消费，即交易需求增加，这些都可以很好地解释利率与投机需求的反向变动，也符合现实情况。穆勒与马克思的思想可以弥补凯恩斯视角给后人带来的缺憾，避免后人按照这个体系修炼武功走火入魔、误入歧途。相比之下，穆勒和马克思的思想逻辑无疑更靠近现实，更接地气，其视角删繁就简，直指核心，体现大道至简之美，我们接下来比较穆勒关于货币需求的定义。

（二）穆勒的定义与视角：复杂问题简单化

比起凯恩斯晦涩难懂的货币需求定义，约翰·穆勒的定义显得简单明了多了："货币的需求是由提供出售的全部货物构成。每一个出售货物的人都是购买货币的人，而他所带来的货物构成他对货币的需求。"① 穆勒的定义并不关注为什么需求货币，即得到钱之后如何使用，是交易是投机还是埋到你们家院子里，均不在其研究的视角中。如果按照凯恩斯的传统货币需求视角，那就简单问题复杂化了，就像商品的需求只研究商品的购买量而不去研究买了之后如何使用。商品大都只是一次性交易，不具有流动性。而货币具有不断流动的特性，货币在实现需求后往往又会进入下一轮供给，所以凯恩斯研究货币需求实现之后的用途例如交易、投机等极容易和货币供给混为一谈。同时，凯恩斯将重心放在货币需求实现之后的目的，而完全忽略了货币需求实现的手段，即货币需求如何实现。穆勒的视角则聚焦在货币需求的实现，需求就是"购买"，这是经济学对于需求的核心思想，可是在货币需求的主流定义中都远远偏离了这个核心，穆勒的定义重新回到需求的根本，具体而言，在商品市场，商品所有者卖出商品，供给商品的同时也实现了货币需求；在货币市场，借款的方式也能实现货币需求。可见，货币需求本质实在是简单不过。得到货币有两种方式，一种是赚钱，一种是借钱。任何一个目不识丁的老百姓都天然就明白的道理，到了主流权威经济学大家那里就成了为什么赚钱（交易、投机），为什么做和怎么做虽然有关系，但本质是截然不同的，一个是目的、一个是手段。

　　对货币的需求只是强调"流动性"也令人费解，首先很容

---

① 约翰·穆勒. 政治经济学原理及其在社会哲学上的若干应用（下卷）[M].
北京：商务印书馆，1997：17.

易将货币需求混淆成对现金的需求，其次如果你随机地问一个路人他为什么需要货币，是不是因为货币的"流动性"，那么这个路人可能认为你不可理喻，大家考虑的是如何赚钱，对于一定要认真研究为什么需要货币，为什么要赚钱，似乎有画蛇添足之嫌，理论上的必要性究竟在哪里？

### 三、对比与小结

我们上面用了大量篇幅来对比了两个最基本的定义，货币供给和货币需求。马克思和穆勒的货币供求定义自然形成一个完美、简洁的体系，体现了货币供求的一体两面，也将商品供求体系与货币供求体系形成了完整的系统，充分体现了辩证统一的思想。在商品市场上，买商品就是卖货币，商品需求就是货币供给。反之，卖商品就是买货币，商品供给就是货币需求；在货币市场上，借贷双方中的贷方拿出货币供给到金融市场，借方从市场中借到钱实现了货币需求，货币供求一体两面完美实现。这个思想和逻辑体系真正可以称得上大道至简、非常完美。

反观凯恩斯、萨缪尔森等主流权威的货币供求思想，首先，将货币供求割裂，供给和需求先天的辩证统一性在这里荡然无存。其次，货币供给将视角放在银行全部的货币发行量，而马克思与约翰·穆勒则聚焦流通中的货币供给，哪种视角更具有现实意义一目了然，二者高下立判。再次，货币需求的视角更是晦涩难懂，偏离货币需求的实现手段而聚焦货币的用途，殊不知使用货币本身是在供给货币，即交易和投机行为本身是在供给货币而非需求货币，此视角引起后人的普遍混淆也就不足为奇了，基于此视角的后世货币需求理论的混乱程度恐怕连当年的凯恩斯都是始料不及的。

笔者接下来尝试利用自己浅薄的功力，用交易和投机的全过程试着将以上诸多顶级高手（马克思、穆勒、凯恩斯、萨缪尔森等）的思想"武功"做一个统一。

交易、投机行为发生之前：首先要得到货币，就是穆勒的货币需求，包括卖商品赚钱和去金融市场借钱。

接下来强行抽象出一个阶段：得到货币之后暂时不动，将货币持有在手里，等待接下来的交易和投机，这样手里持有的货币就是凯恩斯的货币需求。

交易和投机行为发生之后：包括人们买商品，买股票等属于马克思的货币供给，无论买什么都是在把钱掏出来供给到市场上。

至于马克思、约翰·穆勒的流通中的货币供给思想与萨缪尔森、凯恩斯的央行发行的常数货币供给之间的思想碰撞，笔者会在下一节中继续展开。

最后，笔者要强调的依然是，这些顶级的经济学大家们本身的理论逻辑当然都是天衣无缝的，但对比之下毕竟高下有别，马克思的理论在这个领域依然是鹤立鸡群。而马克思和约翰·穆勒的货币供求思想体系目前无法在西方经济学教科书中占据一席之地，确实令人感到遗憾。

## 第二节　货币供给的决定论战

### 一、传统理论认为货币供给完全由央行决定

根据凯恩斯、萨缪尔森等权威经济学家的货币供给思想，经典经济学、金融学等教科书关于货币供给决定论也没有任何争议，那就是货币供给是中央银行决定的，是一个外生变量："货币的供给量是由货币当局所控制，即由代表政府的中央银行所控制，因而假定它是一个外生变量。在货币供给量既定情况下，货币市场的均衡只能通过调节对货币的需求来实现。"[①]这段话表明，货币供给量由央行一手决定，是一个外生变量，通常可以视作一个既定的常量。我国在改革开放后也和其他西方国家一样采用央行传统的"三种方式"来管控货币供给量，在1993年11月通过的《中共中央关于建立社会主义市场经济体制若干问题的决议》中提出："中国人民银行作为中央银行，在国务院领导下独立执行货币政策，从主要依靠信贷规模管理，转变为运用存款准备金率、中央银行贷款利率和公开市场业务等手段，调控货币量，保持币值稳定。"

所有金融学教科书中都会提及的央行的"三种方式"包括：（1）公开市场业务。即央行通过在公开市场上购买国债以及各

---

①　高鸿业.宏观经济学（第6版）[M].北京：人民大学出版社，2014：435.

种票据，来增加货币供给量。（2）变动贴现率。如果央行降低汇票等票据的贴现率，就意味着汇票的贴现成本下降，那么汇票的持有者就会在这一利好的引导下到银行增加汇票的贴现额，得到更多的货币，那么更多的货币就会进入流通中，货币的供给增加。（3）变动银行的存款准备金率。在金融学的课程中货币的供给是具有乘数效应的，即银行最初发行的一笔所谓"高能货币"会通过银行体系的循环产生乘数效应，货币的供给会成倍数增加，通过调整存款准备金率就可以调整这个货币供给数量新增的倍数，从而调控货币供给的数量。假定存款准备金率是20%，工行获得张三的1000元存款，留下200元后，对李四贷款800元。李四将这800元存到农行，这家农行把这800元的20%留下，将其余的80%（640元）又贷给了王五……经过一轮又一轮的循环，这个简单的极限运算的结果为5000元（1000+800+640+……）。于是最初1000元的货币供给经过银行体系的借贷循环，最终成为5000元，整个翻了5倍。

看起来，央行对于货币供给数量的调控是一手遮天，完全控制的。那么，是否可以讲，货币供给完全由央行决定呢？关于这一辩题，马克思提出了完全不同的思想和结论，我们接下来进入马克思关于货币供给的决定理论。

## 二、马克思的货币供给决定理论

通过马克思在《资本论》中的相关论述，可以总结出马克思对于货币供给决定的思想理论是与传统思想理论截然不同的：

"流通的银行券的数量是按交易的需要来调节的，并且每一张多余的银行券都立即回到他的发行者那里去……流通的汇票的数量和银行券的数量一样，完全是由交易上的需要决定的。"① 通过这段话，可以看出马克思认为货币供给包括传统意义上的银行券或者说现代意义上的纸币，也包括广义的汇票等信用货币，决定货币供给的是"交易的需求"，由交易的需求来决定货币的数量，也就是说，交易的需求决定货币供给数量，从之前以及后面的多次论战中，读者可以发现马克思的思想是永远最靠近实际经济状况的，是"最接地气"的，永远把视角聚焦到经济的"流通"领域，直接抓住了问题最关键、最本质的部分，这才是思想的最高境界"大道至简"！在本轮论战中，依然如此，马克思的货币供给视角仍然是流通中的货币，进入流通的货币才是货币供给，才可能供给别人，如果不进入流通，如何供给别人，或者说何谈供给，只能算作"潜在"供给，最终能不能形成供给根本不好说，完全不靠谱！哪个视角更高明，不言而喻！马克思认为，流通中的货币供给显然由交易的需要来决定，如果不需要、没需求，那么央行发出来的货币根本进不了流通，没有意义，发出来的也是"多余的"，这些"多余的"货币根本不能算作货币供给，因为没人需要，只能立即回到发行者那里，在银行账户上睡大觉或者在银行体系内做毫无意义、无效的体内循环。

关于这一思想，马克思还有进一步的论述："通货的扩张

① 马克思. 资本论（第3卷）[M]. 北京：人民出版社，2002：594，613.

和收缩完全取决于工商业者的需要"①;"银行无权按照自己的愿望来扩大公众手里的银行券数额;它有权减少公众手里的银行券数额,但只有采取断然措施才能办到"。②在《资本论》中关于这一思想的论述很多,限于篇幅,笔者只是选择引用了很少的几段原文,但已经可以清晰地表述马克思的思想。马克思认为,货币供给数量无论增加还是减少都取决于"工商业者交易的需要",那么传统思想中一手遮天的银行甚至央行又怎么说呢?马克思指出,银行当然可以发行货币,但这些货币是否能够进入流通,是否能够扩大公众手里交易的货币量是要打上大大的问号的。也就是说银行对于流通中的货币供给数量的扩张是鞭长莫及、无力控制的;对于减少流通中的货币数量,银行理论上可以办到,有这个权力和能力,但只有"断然措施"才能办到。举个极端的例子,银行收回所有纸币,关闭所有门店和 ATM 机,甚至销毁纸币。但这些只是理论上毫无意义的探讨,近乎抬杠,毫无任何经济意义。

按照马克思的思想,我们可以进行推论:(1)当预期乐观、经济繁荣、前景看好时,总需求旺盛,人们乐于交易,乐于投资,经济一片欣欣向荣,流通中货币的需求和供给量都在增加。此时即使央行给经济降温,控制货币供给法向量,恐怕也效果甚微。有时甚至会适得其反,有道是"上有政策,下有对策",越是限制,人们可能越是看好。曾几何时,就像房地产的快速膨

---

① 马克思. 资本论(第3卷)[M]. 北京:人民出版社,2002:598.
② 马克思. 资本论(第3卷)[M]. 北京:人民出版社,2002:595.

胀一样，此时各种信用货币层出不穷，例如支票、汇票甚至民间借贷以及各种翻着花样的新的金融形式出现，因为前景看好，大家都有钱赚，当然乐此不疲了。此时货币的流速也会空前增加，君不见房地产最红火的年代交易的速度有多么恐怖。（2）反之，如果预期悲观、经济衰退时，总需求减少，人们对赚钱失去信心，大家都缺钱，不敢消费，也不想投资，因为投资不赚钱还可能赔钱，交易的需求剧减。此时货币政策的刺激必然要出现，央行会动用各种手段去增加货币发行量，可是结果往往力不从心，问题的关键在于人们的信心状态如果无法扭转，发行出来的货币无法进入流通，人们依旧不敢消费，不敢投资，更不敢借贷，此时央行发行出来的货币或者被储藏成为睡大觉的存款或者干脆在银行系统内进行无意义套利的体内循环，对经济毫无意义，此时乘数效应也要大打折扣，因为乘数效应必须来自不断地存款和贷款过程，这个流通链条如果中断，乘数循环也就不存在了。此时个人和企业都不敢贷款消费或投资，银行也会出现惜贷现象，没有了存贷款的循环流动，乘数效应也就不存在了，所以流通中的货币数量增加当然就会非常有限，面对经济困境这点儿货币增量往往杯水车薪，很难立竿见影。可见，马克思的思想依然聚焦流通中的对经济真正有意义的货币供给，这部分货币供给由信心的状态以及交易的需求来决定，而不完全是由央行主导的银行体系决定，关于这一思想，在后面的论战中还会继续展开辩论。

# 第三节　货币数量学说论战

　　毫无疑问，货币数量学说在经济学以及金融学领域都是最基础、最重要的理论学说之一，同时也是各国政府管理经济、制定政策最重要的理论依据以及思想根源，甚至老百姓都对货币数量说的思想无比熟悉。可以说，这是一个从庙堂到江湖到学术界都熟知并推崇的理论学说。同时，货币数量说以及基于货币数量说思想之上的货币流动机制（也称硬币流动机制）构成了国际经济学理论体系的基础。可见，货币数量说以及货币流动机制在经济学说史上的重要地位。如此重要的理论学说的根本思想实际上无比简单，老百姓都懂的道理就是："钱多了，钱就不值钱了！"朴素的语言揭示了货币数量说的基本思想逻辑，那就是货币数量增加了，货币就贬值了，商品则增值了，物价就上涨了。这种看上去天经地义的思想逻辑似乎无须多言，然而，马克思与凯恩斯对这个学说的思想逻辑同样进行了全面批判。接下来，我们进入这场关于货币数量说以及货币流动机制的论战。

## 一、辩题及参赛队介绍

1.辩论主题：货币数量说与反货币数量说论战

2.参赛队员：

正方代表队：维克塞尔、弗里德曼、休谟、费雪、李嘉图

反方代表队：马克思、凯恩斯

## 二、正方：货币数量说

### （一）正方一辩：维克塞尔+弗里德曼

从辩论赛的阵容对比看，正方参赛队员的数量占据压倒性优势，实际上经济学说史上差不多90%以上的经济学家都站在正方阵容，包括各国政府甚至老百姓都把传统的货币数量说思想奉为金科玉律，包括全世界的主流经济学、金融学、贸易学的教科书也都在讲授这个理论与思想，而与其相反的思想理论除了马克思和凯恩斯的原著外，几乎难觅踪影。虽然真理是掌握在少数人手里，但如果无人知晓，真理的意义何在？由于正方队员实在太多且都是大牌经济学家，只好委屈维克塞尔和弗里德曼一同出任一辩了，他们的论述不多，更多的是起摇旗呐喊的作用。

维克塞尔说："如果数量论是错误的，或是在相当程度上错误的，那么到目前止，关于货币还只有一个错误的理论，还没有正确的理论。"[①] 这段话气势上真的可以称得上舍我其谁。维克塞尔认为，如果传统的货币数量说是错的，那就没有对的货币理论了，不由得让人联想起某电影的霸气外露的经典台词："还有谁？"后人对这一思想理论推崇备至，货币数量说至今都统治着学术界、政商界、高校教材甚至普通民众的思想，这个理

---

① 维克塞尔. 利息与价格 [M]. 北京：商务印书馆，1997：16.

论学说在众多领域几乎没有任何争议。当代货币学派的掌门人弗里德曼曾表示："从长期看，货币主义几乎全盘接受早期货币数量论。"（1980 年版《大英百科全书》中的"货币"条）某种程度上可以说，货币数量说是当代货币学派产生的思想基础。正方一辩的论述在论战的态度上是极其高调而自信的，因为这一理论思想一直在经济思想史上占据着无可争议的地位，几乎无人对此提出挑战甚至质疑，除了马克思与凯恩斯。接下来正方辩手们将依次对传统货币数量说以及货币流动机制进行论述。

（二）正方二辩：休谟

休谟对货币数量说的表述如下："一切东西的价格取决于商品与货币之间的比例，任何一方的重大变化都能引起同样的结果——价格的起伏。看来这是不言自明的原理。商品增加，价钱就便宜；货币增加，商品就涨价。反之，商品减少或货币减少也都具有相反的倾向。"[①]休谟的论述代表了货币数量说的基本思想逻辑，货币数量说的萌芽最早从重商学派中产生，到古典学派基本统一，休谟、斯密、李嘉图等都有过类似的论述。休谟认为世界上最重要的东西就两个，一个是商品，一个是货币，而价格取决于二者之间的比例，什么东西数量多了，价值就下降了。商品增加，物价下跌，货币增加，物价上涨。这个道理是不言自明、天经地义、无须论证的。换句话说，决定物价水平的最直接的因素就是货币数量，这个思想和逻辑确实看上去是天衣无缝、无懈可击的，读者可能也会好奇如此简洁、严谨、

---

① 休谟.休谟论文集 [M].北京：商务印书馆，1997：36.

世人皆知的思想，马克思是如何进行批判的。

（三）正方三辩：费雪

欧文·费雪是美国著名经济学家，被公认为美国第一位数理经济学家，他在 1911 年发表的《货币的购买力》中提出了著名的"费雪方程"，被称为"现代货币数量说"，同时费雪也因此被称为"第一代货币主义者"。费雪方程在经济学史上具有重要地位，将传统货币数量说思想用简洁、严谨的数学方程式进行表达，对后人影响巨大而深远，时至今日，费雪方程依然是全世界经济学、金融学都必须学习的重要理论学说。费雪方程有多种数学表达形式，其中比较简洁的是 $MV = PY$，公式中 M 代表同期内流通的货币的平均数量；V 代表货币流通速度；P 代表一般物价水平；Y 代表社会总交易量。在这三个变量中，费雪认为 V 和 Y 短期可以视作不变的或不易变的，因为个人和企业的消费、投资习惯短期不变，故 V 短期不变，社会总产量短期调整空间不大，故 Y 短期不变。所以结论就是物价水平是由一年内的货币流通数量决定的。其思想与逻辑同亚当·斯密、休谟等的传统货币数量说完全一致，但是加入了更多重要的经济变量来完善这一思想，并采用数学表达式来更加清晰地表达这一思想。这个方程简洁明了，将经济学中最重要的几个变量的关系表达得清晰易懂，复杂的经济关系简单化，颇有大道至简之美。费雪是著名经济学家，同时也是数学家，但真正的大家是不会卖弄其数学功底的，而是以追求真理为目的。相形之下，如今学术界将数学作为发表论文，追名逐利的手段确实有些令人遗憾以及无奈，颇有舍本逐末、买椟还珠之嫌。

关于货币数量说的论述基本完毕，从思想到数学表达做到了一脉相承，天衣无缝。接下来出场的四辩李嘉图将会在货币数量说思想的基础上继续论述货币流动机制，以完成货币数量说思想体系的构建。

（四）正方四辩：李嘉图

李嘉图提出的货币流动机制也称硬币流动机制或铸币流动机制，此理论是货币数量说思想的进一步延伸，在货币数量说界定的货币数量和物价的关系基础上，进一步研究其对于商品进出口的影响以及货币的流向等，揭示出国际经济关系如何在货币数量、物价、进出口等变化过程中达到均衡稳定。其核心思想依然是继续维护亚当·斯密的"看不见的手"在国际经济关系中的作用，依靠变量之间的关系，依靠货币数量变化、物价变化、货币流向变化等自发调节，各国的主要经济变量都可以自发达到均衡状态，国际经济关系基于货币数量说和货币流动机制就可以自然而然地达到完美的和谐状态。这也是古典经济学的核心思想，通过"看不见的手"的调节，一切经济关系，包括各国国内以及国际经济体系，都到达均衡与完美和谐的状态，任何的经济变量的变动都可以通过以上机制自动调整并达到新的均衡和谐状态，这不就是经济学需要得到的最好的结果吗？所以该思想至今依然统治着国内外的学术界，几乎所有的经济学、金融学、国际经济学等教材都将此思想奉为金科玉律。

关于货币流动机制，古典经济学诸位大家都有所论述，李嘉图的论述比较完整："今若某一国发现金矿，致使其流通界内的贵金属数量增加，则该国通货的价值必将下落，从而不能与他国的通货价值相等。这样，该国的金银，不论其为铸币或块条，自必将按照支配着一切货物的规律，立即成为输出的目的物。即金银在这时必将离去价廉的国家而流到价昂的国家，其结果必在恢复金矿发现前各国资本和货币的原有比例，而使金银在各国的价值均相同。"[①] 这段话的逻辑是非常清晰易懂的，阐述了货币数量说理论关于一国国内的货币数量和物价之间的关系，各国物价水平变动又使得货币在各国之间由币值低处向币值高处流动，于是各国的国际收支自动达到均衡，各国的物价水平也自发保持相对稳定，不会一直单向波动。例如，一国发现金矿，开采后该国货币数量迅速增加，于是货币数量增加导致该国货币价值下跌，物价上涨，出口减少，进口增加，贸易逆差，金属货币外流，本国货币数量下降，币值上升，物价下跌，出口增加，进口减少，货币又重新流回，直至均衡，至此循环完毕。可见，通过这种机制，各国无论货币数量如何变化，都能通过国际经济的调节自发达到新的均衡状态，增加的货币会自发流出，完全没有必要像重商主义一样崇尚积聚货币，信奉顺差，采取以邻为壑的策略。通过国际经济调节，各国都能自发均衡，再结合李嘉图的相对优势原理，所有国家通过分工贸易都能获益，各国的货币数量、物价水平等又可以通过这

---

① 大卫·李嘉图全集（第3卷）[M]. 商务印书馆，2013：52—53.

种方式自发均衡，岂不是一切都和谐完美，简直是天下一家，世界大同了！这种思想体现了古典经济学的完美与和谐，自然受到学术界的推崇与所有人的喜欢。李嘉图的年代还是金本位的时代，这个原理看起来在今天似乎更加适用，因为在金属货币时代，货币数量的增加还得依靠金矿的开采以及金属数量的增加，而今天货币数量的增加只需要打开印钞机，甚至在未来数字化的时代，纸币都几近要被淘汰了，货币成了纯粹的数字，比起李嘉图的时代，当代增加货币的数量简直易如反掌，几乎没有成本了。所以，这一思想到了纸币以及数字货币的时代，依然占据着思想学术上的统治地位。除了马克思，几乎无人对此进行彻底的否定与批判！接下来，马克思将隆重登场，对这个一直统治学术界的看似完美无缺、天衣无缝的思想理论体系进行批判。

### 三、反方：反货币数量说

#### （一）反方一辩：马克思

1. 马克思对货币数量说的批判

马克思对于货币数量说以及货币流动机制思想是从根本上完全否定的，在 1851 年 2 月，与恩格斯的书信往来中提及无论使用金属货币还是纸币，货币数量说和货币（硬币）流动机制都不成立。货币数量说只是重复地描述现象，没有解释现象，没有找到原因，更没有看到本质。硬币流动机制只看到贸易的作用，没有看到资本的作用。

马克思在著作中有多处对货币数量说与货币（硬币）流动机制进行批判，笔者选取其中的几段话，其对货币数量说的批判非常直接："也许没有比所谓发行银行能够通过扩大或缩减货币流通来影响一般价格水平这种看法更流行的误会了。"①在这段话中，马克思使用了"误会"这个词来形容货币数量说既恰当又生动，货币数量说的逻辑看上去很容易让人相信，做出似是而非的判断，这里马克思没有用"错误"而用"误会"，而且是"流行"的"误会"，让人看到了马克思在深邃思想基础上还极有文采。这个"流行"了几百年的"误会"直到今天依然在学术界"流行"。那么，货币数量说的思想逻辑到底"误会"在哪里？马克思指出，它的逻辑出现了根本性的错误，即银行决定货币数量，货币数量决定物价的逻辑是错误的。正确的逻辑应该是物价决定货币数量，马克思的这一思想笔者将在反货币数量说部分进行阐述。

马克思在著作中对李嘉图的货币数量理论的批判占有大量的篇幅："商品价格的普遍跌落可以说成货币同一切商品对比起来它的相对价值上涨；相反，价格的普遍上涨也可以说成货币的相对价值的跌落。两种说法是叙述现象而不是解释现象……说法虽然不同，但课题并没有改变，正如这一课题从德文译成英文也并不改变一样。因此，李嘉图的货币理论赋予同义反复以因果关系的外貌。商品价格为什么周期性地跌落？因为货币的相对价值周期性地上涨。反过来问，商品价格为什么周期性

---

① 马克思恩格斯全集（第 13 卷）[M]. 北京：人民出版社，2001：237.

地上涨？因为货币的相对价值周期性地跌落。可以同样正确地说，价格的周期性涨跌就是由于价格的周期性涨跌……"① 这段话虽然很长，但对货币数量说和货币流动机制的批判可谓淋漓尽致，结论就是李嘉图的货币（硬币）流动机制没错但也没用，完全是在重复性地描述现象但没有解释现象，更没有揭示本质。传统地货币数量说认为商品和货币的价值变动是相反的，一个上升另一个就下降。但这只是同义反复，接下来李嘉图偷换概念，将同义反复直接变成因果关系。即一个上涨造成另一个下跌，但其原因及本质则被完全忽略，根本没有提及，由此造成了货币数量说的错误逻辑，基于其上的货币流动机制也就失去基础了。如果读者难以理解，那么笔者可以举个例子，商品价值与货币价值之间的关系就像姚明和周杰伦，一个高，另一个矮。如果姚明长得更高，就显得周杰伦更矮。这是每个人都能看到的现象，如果你说姚明高，周杰伦矮，这绝对没错，但也没有任何作用和意义，每个人都能看到的现象不能成为理论，只是描述现象。但为什么一个高一个矮，绝对不能直接把同义反复偷换成因果关系，不能说姚明高是因为周杰伦矮，这是没有任何依据的，就像不能说货币价值下跌造成商品价格的上涨。总之，具体原因有待分析，但绝不能没有逻辑分析就将同义反复直接偷换成因果关系！那么，真正的因果关系是什么，接下来马克思的反货币数量说会给出解答。

---

① 马克思恩格斯全集（第 3 卷）[M]. 北京：人民出版社，2001：620—621.

2. 马克思的反货币数量说

（1）物价决定货币数量

马克思在《资本论》第 1 卷中指出："商品世界的流通过程所需要的流通手段量,已经由商品价格总额决定了。"[①] 在《资本论》第 3 卷中马克思进一步指出："现实流通的货币量是由商品的价格和交易量决定的。银行券的流通也受这个规律的支配。"[②] 可见, 马克思的反货币数量说的思想逻辑和经典货币数量说完全相反, 传统的货币数量说认为货币数量决定物价, 而马克思的反货币数量说则认为物价决定货币数量,这两种理论从思想、视角、思维方式和结论都是完全相反的。按照《资本论》中反货币数量说的思想, 可以做出如下解读:当预期乐观, 经济前景看好时, 人们乐于消费和投资, 总需求快速增加引起物价上涨, 请注意, 是总需求增加拉动物价上涨而不是货币超发。物价上涨进一步引发利润上升, 又刺激人们更多地去投资, 此时交易频繁, 货币流通速度和货币乘数都会增加, 流通中的货币数量自然增加。此时如果政府要抑制经济过热而采取紧缩的货币政策, 往往不能减少流通中的货币数量, 甚至有时会适得其反, 只要人们的信心状态没有反转, 仍然看好未来, 预期乐观, 那么消费、投机等交易就会继续增加, 交易盛行, 流通中的货币数量自然不会减少, 银行体系可以通过货币政策减少账面上的货币数量, 但无法减少流通中的货币数量, 人们甚至可以利

---

① 马克思. 资本论（第 1 卷）[M]. 北京：人民出版社，2002：141.
② 马克思. 资本论（第 3 卷）[M]. 北京：人民出版社，2002：592.

用汇票等各种票据增加交易，这些信用货币可以一定程度代替纸币流通。总之，只要前景看好，人民群众的智慧是无穷的。君不见楼市最红火的时代，每次试图降温的调控政策有时反而会带来房价更快地上涨，房价的上涨造成全民投资炒房，货币交易数量自然猛增，贷款数量也大量增加，多次调控措施不断出台，"抑制房价过快上涨"尤其让人记忆深刻，人们在这句话中仿佛只看到了一个词，就是"上涨"，而且还"过快"！此时，提高买房首付比例，甚至提升贷款利率等各种紧缩货币政策不但收效甚微，甚至适得其反，更加刺激人们对房价的信心，人们会逆向思维，正是因为涨，才调控。可见，马克思对人性的洞悉程度，人性才是经济规律的基础。直到国家"房住不炒"政策出台，从根本上改变了人们对房价走势的预期，才改变了全民炒房的情况，而房价横盘，交易量锐减，货币数量也跟着大幅回落，尤其是贷款数量明显减少。在新冠疫情肆虐、经济承压的情况下，为避免风险，各地再次放松房地产调控，情况才有所改善。

曾几何时，学术界有人认为房地产是一个巨大的蓄水池，正是因为有房地产巨大的体量，才能够容纳货币，使得通货膨胀没有过快上升。这种逻辑背后依然是传统货币数量说的思想在作祟，本质上认为是货币超发引发楼市上涨，楼市可以容纳超发的货币。这种逻辑早已经在马克思的《资本论》中被批判得体无完肤，但依然在主流经济学界盛行，可以说非常令人遗憾。真正的逻辑应该是依据马克思的反货币数量说思想，即对房价上涨的预期引发全民炒房，房价不断上涨，投机盛行，人们不但增加借款甚至不惜加上各种杠杆，货币乘数很大，不但流通中货币数量大增，账面上的新增货币数量同样大增。实质上是房价上涨引发货币数量增加，楼市不是蓄水池，而是抽水机，将货币从银行体系中抽出来通过乘数效应，几倍甚至十几倍地注入流通中。这才是这个问题的根本逻辑。当房价预期信心已经反转，人们不再相信房价会继续上涨，房价横盘，交易减少，流通中货币数量自然也就减少了。可见，马克思的反货币数量说才真正符合现实的经济金融问题。

（2）反货币数量说基础上的货币流动机制

在反货币数量说的基础上，马克思进一步阐述了真正的货币流动机制："商品的市场价格是由需求和竞争的复杂作用决定的，需求和竞争同一国的金银数量完全无关。如果金和银的数量低于流通所需要的水平，人们会用象征性的货币或其他辅助手段来代替金银。如果一个有利的汇率使国内货币过剩，同时又切断了把它运出国外的需要，那么货币常常就会在保险箱里堆积起来，就像躺在矿山里一样无用。"[①]这段话完整地把反货币数量说和基于此基础上的货币（硬币）流动机制进行了说明，逻辑清晰明了。那就是需求而不是金银等货币数量决定物价，物价决定流通中货币数量，如果金银货币或者银行发行的货币数量不足，人们会使用汇票等各种信用货币来代替金银货币或者纸币。而如果货币过剩，超出流通中的需要，同时由于汇率

---

① 马克思. 资本论（第3卷）[M]. 北京：人民出版社，2002：367.

因素不能外流的话，那么金银货币会躺在金库的保险箱里堆积如山，而纸币则躺在银行账户上睡大觉。马克思在《资本论》中着重强调了货币作为资本的职能，在著作中多次指出，货币的流动机制不只是由贸易决定，更多的是其资本职能起到决定性作用，货币在各国之间的流动不只是古典学派认为的从物价高的国家流入物价低的国家，实际情况往往完全相反，经常是从价格低的国家流入价格高的国家。因为价格高的国家往往代表需求旺盛，价格上涨往往带来利润尤其是短期利润的上涨，货币作为资本的职能是逐利的，哪里利润率高就要去到哪里，所以各国的资本账户上往往有很多逐利的所谓"热钱"。可以说，马克思的《资本论》将贸易账户与资本账户区别开来，对传统的货币数量说进行了批判，将传统的货币流动机制进行了重新的完善和发展，形成了与现实经济、贸易、金融相符的新的货币数量思想体系。可惜，这种思想体系还没有在各国教科书中完整体现，传统的货币数量说理论依然占据主流。

（二）反方二辩：凯恩斯

凯恩斯在自己的多部著作中都对货币数量说和货币（硬币）流动机制思想进行了批判，尤其反对建立在货币流动机制思想之上的古典学派的国际收支自动调节论。凯恩斯的思想与马克思的思想在此处是一致的，都认为古典学派的货币量决定物价，物价调节国际收支的逻辑是错误的，正确的逻辑应该是需求（利润）决定物价，物价决定货币数量和国际收支。在此基础上，凯恩斯反对亚当·斯密为代表的古典学派建立在货币数量说与货币（硬币）流动机制基础上的自由贸易思想，而是重提重商主义的国家利益至上、坚持贸易顺差的思想。

1. 凯恩斯对货币数量说的批判

凯恩斯对货币数量说以及货币（硬币）流动机制进行了批判，我们引用《货币论》中的一段话来说明："（货币数量学说）其中没有一种能把现代经济体系的因果过程在一个变化时期中实际发生作用的因素分析出来。"[①]可见，凯恩斯和马克思一样，都认为传统的货币数量说只是重复描述现象，而没有解释因果逻辑。同时，凯恩斯也对银行体系的货币政策对货币数量的调节提出质疑："我对仅仅用货币政策来控制利息率的成功程度，现有些怀疑。"[②]凯恩斯同样认为,货币政策对于实际利息率的调控不是任何情况下都能随心所欲的，但此处凯恩斯只是表示了怀疑，没有像马克思一样进一步挖掘到底疑问在哪里，因为凯恩斯始终没有把货币数量的视角定位于流通领域，在这一点上凯恩斯相较马克思就要略逊一筹了。他们的思想逻辑方向是一致的，但深刻程度大大不同。

凯恩斯在著作中用经济史上的经典案例对货币数量说进行批判："我所选择的第一个事例是欧洲的物价在16—17世纪时的上涨，这是由于美洲的贵金属流入欧洲所引起的。关于这个问题，我所具有的材料特别差。但是我对于这个时期所具有的粗浅知识却极富于启发性，使我情不自禁地要提出来就教于专

---

① 凯恩斯. 货币论（上册）[M]. 北京：商务印书馆，1997：112.
② 凯恩斯. 就业、利息和货币通论[M]. 北京：商务印书馆，1999：215.

家。"①凯恩斯提到的案例正是传统货币数量说产生的经济史上的背景，经济学家们在研究 16—17 世纪西班牙、英国和法国经济的高增长时，都将其原因归纳为从新大陆掠夺来的黄金造成物价增加，并根据这一逻辑建立了传统货币数量说的思想理论。凯恩斯认为那时期从新大陆掠夺的金银比亚历山大的掠夺品少多了。他认为那个时期的繁荣，物价上涨不是由从新大陆掠夺的黄金造成的，而是由利润膨胀造成的。凯恩斯在著作中详细分析了物价的上涨到底是利润拉上的还是成本推进的。凯恩斯用（物价 / 工资）指标来衡量经济增长是利润膨胀引起的，还是工资膨胀或者说收入膨胀引起的，物价提高是成本推进的还是利润拉上的。1520—1560 年，西班牙的这个指标都大于 100，也就是说物价增长快于工资增长，意味着利润膨胀速度快于收入（成本）的膨胀速度。可见此阶段西班牙经济的快速崛起属于利润拉动而非成本推进。反之，在 1600 年之后，这个指标都小于 100 且逐步下行，说明工资的增速快于物价的增速，利润当然会减少。经济发展也就没有了动力，之后，西班牙的发展明显力不从心，慢慢就落伍了。

2. 凯恩斯的反货币数量说

正方三辩费雪曾经提出了代表现代货币数量说的著名的费雪方程，用数学的方法表述了货币数量说思想。同样学数学出身的凯恩斯也提出了反货币数量说思想的数学表达式，在其著作中有详细的数学推导过程，限于篇幅，本书中不再重复推

---

① 凯恩斯. 货币论（下册）[M]. 北京：商务印书馆，1997：128.

导，感兴趣的读者可以在原著中阅读，这里我们直接给出数学
表达式。

$$\pi = \frac{1}{e} \cdot W + \frac{Q}{O}$$

其中 π 代表物价水平，W 代表工资，Q 代表总利润，O 代
表总产量。从这个公式中可以看出，与物价相关的变量包括工资、
利润以及总产量，并没有货币数量。具体而言，物价水平与工
资正相关，与单位产量的利润量即利润率正相关。公式说明物
价不是由货币数量决定的，当然也就不是货币政策完全能够决
定的，而是由需求决定，包括消费需求和投资需求。其中工资
上涨代表收入增加，对消费的需求就会增加，从而引起消费品
价格上涨；单位产品的利润增加会引起企业对投资需求的增加，
从而投资品的价格也会上涨。可见，凯恩斯的反货币数量说的
核心逻辑就是需求而不是货币数量决定价格水平。当然，对于
这一思想的进一步展开即物价水平如何决定流通中的货币数量
的思考，凯恩斯远没有达到马克思的深度和广度，但两人的基
本思想是一致的。

四、总结与点评

纵观传统权威的货币数量说与马克思、凯恩斯的反货币数
量说之争，是不同思想、不同逻辑、不同视角的全方位论战，
论战双方也有共同点那就是都围绕经济学中最重要的系列变量
即货币数量与物价之间的关系进行分析论述。货币数量与央行

的货币政策密切相关，物价水平与国计民生同样关系密切，这两个变量都是牵一发动全身的经济生活中的重要变量。论战双方都承认这两个重要变量有极大的相关性，一方变动会引发另一个变量的变化。双方论战的焦点在于不同的视角带来不同的逻辑与结论。传统的货币数量说聚焦在央行发行的货币数量上，认为央行在经济生活尤其是货币数量的调控上占据绝对优势，可以完全掌控货币的数量，通过各种货币金融工具控制货币发行量，也就是传统意义上货币的数量，进而决定物价水平。马克思的反货币数量说则是完全不同的思想逻辑体系，首先马克思理论的研究视角在于流通中的货币数量。在货币供求一节中，笔者曾经进行过分析，这一视角的提出就完全转变了货币数量说的重心，央行的确可以控制货币的发行数量，但无法决定流通中的货币数量。马克思指出这是两个完全不同的领域，央行发行的货币不一定能完全转化为流通中的货币。同样，央行也无法全然回收流通中的货币，流通中的货币数量是由需求决定的，物价的上涨往往代表需求的高涨，所以，是物价或者说利润决定了流通中货币的数量。可见，马克思与凯恩斯强调的是经济人的心理预期，也就是需求层面的反作用。在当今世界，表面上看似乎传统的货币数量理论应该更占上风，因为央行在现代经济金融中的地位和作用越来越突出，以美联储为代表的现代央行的各种现代化的货币金融工具层出不穷，对货币数量的调控好像应该更加得心应手。但实际上经济人的预期随着科技、信息等现代化手段的日趋完善对经济、金融的影响也同样越来越大，各国的货币政策在人们信心出现拐点的时候是明显力不从心的。当信心高涨、利润膨胀时，央行收缩货币效果不大；当信心不足、经济衰退时，央行增发货币则很容易陷入"流动性陷阱"。结合以上各章的论战，我们依然可以看到，不存在论战哪一方本身的理论体系的对错问题，依然像笔者在本书开篇提到，所谓"横看成岭侧成峰、远近高低各不同"。货币数量说从长期看似乎更具道理，各国央行不断增发货币的冲动，货币长期的泛滥趋势对于物价的影响毫无疑问确实存在。而短期看经济人的预期与信心显然更占上风。当然，货币数量说与反货币数量说思想的论战必然和其他经济学思想的论战一样，会继续在经济学思想史上延续下去，最终的结果我们不知道，但经济学大家们的智慧之光会在经济学说史上永远闪耀。

# 第四章　危机思想论战

　　当今时代，似乎经济危机离我们已经很远了，"经济危机"这个词也已经较少提及，而大大小小的金融危机却一直如影随形，一旦爆发就极有可能形成全面的经济危机。历次金融危机往往都会引起长期经济衰退，对很多国家和地区而言都是巨大的灾难，甚至会出现政治危机、动乱、冲突、政府更替等混乱。随着经济、贸易、金融的全球化以及各国之间相互需求程度的加深，金融危机往往会在几个国家和地区同时爆发，甚至波及全球，最典型的就是2007年年底开始的美国次贷危机。从我们熟知的1929—1933年大危机，似乎每隔十数年，就会有较大规模的金融危机出现，如1992年欧洲货币危机，1994年墨西哥金融危机，1997年东南亚金融危机，2002年阿根廷金融危机，2007年美国次贷危机等。金融危机巨大无比的破坏力让全世界都谈之色变，不寒而栗。于是，研究金融危机的原因以及预防和控制途径等就理所当然地成为经济学以及金融学的重要任务。

当前经济学和金融学的理论及教科书的逻辑基本上都处在就事论事的层面,针对每次危机找具体原因,往往把板子打到监管层,但对于金融危机的根本原因显然没有深入探讨。本章依然采用论战的方式对于金融危机的原因、本质及应对等思想进行对比分析。读者会发现,马克思关于金融危机的思想理论在这个领域依然是鹤立鸡群、独一无二的。

## 第一节　危机根源论战

研究任何经济问题,探究其根源都是有必要的,对于金融危机同样如此,学术界关于金融危机的研究内容不可谓不多,但涉及危机根源的却很少,大多数都将危机归因于金融自由、缺乏监管等,F.S. 米什金(以下简称"米什金")所著的当代经典的金融学教科书中对于危机根源的论述代表了当代经济学家对于危机根源的普遍认识,本节我们会阐述米什金关于危机源头的理论,之后对比马克思关于货币危机的理论,从而看到马克思对于经济金融问题本质分析的深刻与透彻,即使当代的经济学家们依然难以望其项背。

### 一、米什金危机源头理论

米什金在其著作《货币金融学》中认为,由于信息不对称问题导致资本市场流通不畅,也被称为所谓的"金融脆弱性",

当金融脆弱性加剧，金融市场就无法正常运转，经济活动收缩，导致金融危机爆发。和马克思的危机理论思想相比，米什金依然在某种程度上是在描述现象，"金融脆弱性"造成市场失灵，经济、金融收缩从而引发金融危机的逻辑确实无懈可击，但金融脆弱性又源自哪里，恐怕不是仅仅用信息不对称就能完全解释的。换句话说，如果解决了信息不对称，那么是不是经济危机就迎刃而解了呢，这些疑问米什金们无法解答，还是要回到马克思主义思想理论中去寻找答案。

米什金和当代大多数经济学家一样，在危机过程中寻找根源。他认为："危机的源头有两种：信贷繁荣和破灭，或者是主要金融机构破产带来的不确定性增加。"[①] 具体的过程是一国进行金融创新，例如美国的房贷证券化或者从金融自由化开始，金融危机的种子往往就播下了（此处米什金没有深入继续挖掘原因），金融创新和金融自由化意味着减弱甚至取消监管，短期内会促进信贷繁荣，信贷数量快速增长。之后，由于缺乏监管，贷款开始出现损失，例如次级贷款逾期等，于是金融机构开始缩减贷款，进行去杠杆，从而引发系列多米诺骨牌效应，信用繁荣变成贷款暴跌，危机爆发。金融机构也不再收集信息，金融脆弱性加剧，危机也会加剧。当然，关于危机原因，其他经济学家们有各种各样的理论，包括资产的繁荣与破没等，但基本的逻辑思想都是共同的，都在描述一个从繁荣到破灭引发危机的循环过程，但繁荣到破没的原因还停留在"就事论事"层

---

① 米什金. 货币金融学（第11版）[M]. 北京：中国人民大学出版社，2018：224.

面，重复描述现象，把现象当作原因，或者把结果偷换概念变成原因。

米什金等经济学家们对于金融危机过程的叙述显然是没有问题的，但与马克思的思想理论相比，恐怕还是停留在"知其然，不知其所以然"的阶段，这种解释会给人一种似是而非的错觉，似乎加强监管，收集足够的信息，金融危机就可以避免或者说在很大程度上避免了，"金融自由化"成了当代金融危机，尤其是次贷危机的"背锅侠"。这样的解释有两个问题，首先是只描述现象，没有揭示危机根源。历次经济危机和金融危机的直接原因都不相同，如果用这种思路，那么每次危机都能找到不同的所谓"原因"，这次是"金融自由化"，下一次可能是"汇率自由化"，再下一次也可能是"能源危机问题"，等等，这样的理论只描述直接原因，而离危机本质越来越远。问题的本质是所有金融危机是否都有一个共同的原因，这才是本质和根源，否则会给人一个错觉，似乎只要措施得力，监管到位，提起预防，金融危机完全可以避免。笔者接下来将深入分析马克思关于金融危机根源的论述，并尝试用马克思的思想理论去解释次贷危机的根本原因所在，孰高孰低，一目了然。

二、马克思货币矛盾理论

马克思对于金融危机根源的研究没有局限于到历次危机的过程中去"就事论事"地研究现象，而是回到金融的本质，从金融的起点——货币开始研究，找到金融危机的根源在于货币。

货币本身的内在矛盾决定了金融危机先天就具备爆发的根源性条件，金融危机的本质是信用危机。

（一）货币自身矛盾

马克思对金融危机本质的研究是从金融的起点，即货币开始。金融危机的实质是货币危机，其原因在于货币自身存在的内在矛盾，这才是危机真正的根源，其他原因都是在此基础上的直接原因，是引发货币自身矛盾的原因。这个货币自身的矛盾决定了货币危机先天就具有爆发的内在条件，只要具备了某种外部条件，货币危机就极有可能出现了，之后就会演变成金融危机、经济危机甚至政治危机。所以说，货币自身的矛盾才是危机的最根本的、决定性的原因。

关于货币自身的矛盾只有马克思和凯恩斯在著作中进行过论述。其中马克思对此的论述更加完整。他们的思想都是一致的，这个矛盾就是货币的支付手段职能包含了计算货币和实体货币的矛盾，这就是货币自身的矛盾。

马克思在《资本论》第一卷中论述了货币自身的矛盾源于货币的支付手段："货币作为支付手段的职能包含着一个直接的矛盾。在各种支付互相抵销时，货币就只是在观念上执行计算货币或价值尺度的职能。而在必须进行实际支付时，货币又不是充当流通手段，不是充当物质变换的仅仅转瞬即逝的媒介形式，而是充当社会劳动的单个化身，充当交换价值的独立存在，充当绝对商品。"[①] 在这段话中，马克思指出在货币执行支付手

———————

① 马克思. 资本论（第1卷）[M]. 北京：人民出版社，2002：158.

段时，就出现了计算货币和实体货币的矛盾，这才是危机可能爆发的最根本的内在原因，在债务链条和抵销支付充分发展之后就具备了发生危机的条件。同时，马克思也在这段话中提出了"计算货币"的思想。"计算货币"这个概念从其理论意义上看是十分重要的，应该在经济学和金融学中占有极其重要的地位，是解释金融危机根源的核心概念，隐含着金融学的本质思想，可惜如此重要的概念只能在马克思和凯恩斯的著作中沉睡，不能在当代各国经济学和金融学主流的研究以及教科书中占有一席之地。

关于计算货币，凯恩斯的定义是："计算货币是表示债务、物价与一般购买力的货币，这种货币是货币理论的原始概念。计算货币是和债务以及价目单一起诞生的，债务是延期支付的契约，价目单则是购销时约定的货价。这种债务和价目单不论是用口传还是在烧制的砖块或纸载的文件上做成账面记录，都只能以计算货币表示。货币本身是交割后可清付债务契约和价目契约的东西，而且也是储存一般购买力的形式。它的性质是从它与计算货币的关系中得来的，因为债务和价目首先必须用计算货币表示。仅仅在现货交易中用作方便的交易媒介的东西可能接近于货币，因为这种东西可能代表储存一般购买力的手段。但如果全部情形就是这样的话，我们便没有超出实物交换的阶段。正式货币就其充分的意义来说，只能相应于计算货币而存在。我们也许可以用这样一句话来解释货币与计算货币之间的区别，即计算货币是表征和名义，而货币则是相应于这种表征的实物。"① 通过凯恩斯和马克思的论述可以看出：二人都发现了计算货币的存在及其重大理论意义，从而找到了货币自身包含的矛盾，即计算货币和实体货币（凯恩斯称之为"正式货币"）的矛盾。其实这两个概念很容易理解，但凯恩斯和马克思的伟大之处在于发现了人人都明白，但都视而不见的真理。所谓实体货币就是"真金白银"，在金属货币时代是金、银等实体货币，在纸币时代，当然就是纸币等实体纸币。而在此基础上衍生出来的所有非实体的数字化的信用货币都可以称之为广义的计算货币。可见，计算货币包含了太多范畴。大致有以下内容：

（1）银行体系派生货币。包括个人，企业以及银行账面上的所有数字化的非实体的货币。学习过货币金融学的人都知道银行体系的货币派生乘数机制，通过银行体系不断地存款、贷款循环派生的货币都是计算货币。对此，马克思在《资本论》中指出："无可争辩的事实是，我今天存在A处的1000镑，明天会被支付出来，形成B处的存款。后天它有可能由B处再支付出来，形成C处的存款，依此类推，以至无穷。因此，这1000镑货币，通过一系列的转移，可以成倍地增长为一个绝对无法确定的数额。因此，很可能英国全部存款的十分之九，除存在于银行家各自的账面上，根本就不存在。例如在苏格兰银行，流通的货币（而且几乎完全是纸币）从来没有超过300万镑，而银行存款却有2700万镑。只要没有普遍的突然提取存款的要求，这1000镑来回提存，就可以同样容易地抵销一个同样

---

① 凯恩斯. 货币论 [M]. 北京：商务印书馆，1997：5.

无法确定的金额。因为我今天用来抵销我欠某商人债务的同一个 1000 镑，明天又可以用来抵销另一个商人的债务，后天又可以被这个商人用来抵销他欠银行的债务，依此类推，以至无穷；所以，这同一个 1000 镑从一个人手里转到另一个人手里，从一家银行转到另一家银行，抵销一个可以想象的存款额。"①这段话中，300 万镑是实体货币，即纸币，派生出来的计算货币达到 2700 万镑，乘数达到了 9 倍，银行通过这个货币派生机制把实体货币派生了数倍甚至十数倍、几十倍。一旦信心逆转，挤兑风险就可能发生，这部分派生出来的计算货币和实体货币的矛盾就可能爆发，万一出现天灾人祸，人们信心崩溃，拥有 2700 万镑的人都去银行提现，而实体货币只有 300 万镑，危机自然爆发。可见这部分计算货币同时要求实体化是根本不可能实现的，其产生的过程是依靠信用，通过乘数效应，这部分计算货币纯粹是账面上的数字，是"水中月""镜中花"，是"空中楼阁"，是"沙子上的城堡"。一旦要求实体化，矛盾就激化，危机就不可避免了。

（2）债务关系。货币的基本职能包括价值尺度、流通手段、支付手段、贮藏手段等，其中支付手段在当代社会已经不再是一手交钱、一手交货的即时交易了，往往体现为卖者卖掉商品却没有收进货币，仅仅得到买方按期支付的承诺或凭证，卖方成为债权人，买方则成为债务人。尤其是在国际贸易中，几乎不存在一手交钱、一手交货的交易，都有复杂的贸易流程，往

---

① 马克思. 资本论（第 3 卷）[M]. 北京：人民出版社，2002：457—458.

往都是生产企业先拿到订单进行生产，货物生产出来之后往往
也要一段时间后才能收到货款。在此之前，买卖双方依靠债权、
债务关系维持交易的进行，依靠的是信用关系。在这个过程中，
买卖双方没有用实体货币交割，但买家依然能够购买，需求继
续增加。卖家依然能够生产，供给也继续增加。常识告诉我们，
任何买卖都应该有货币参与，而以上这个过程却根本没有货币
参与，确切地说是没有实体货币参与。买卖双方的债务关系产
生了计算货币，用账面上的欠款数字来进行买卖，这种货币也
执行着支付手段的职能，可以说这种货币完全是"无中生有"，
依靠买卖双方的信用，互相的信任。通过这种方式，卖方不必
一定等着买方掏出真金白银后才开始生产，买方也可以避免大
量实体货币支付导致自己的流动性不足。如果双方都讲信用，
就会皆大欢喜，现实中有可能买卖双方在下一笔交易中身份互
换，债权方变身债务方，尤其是跨国企业集团相互之间的债权
债务关系是复杂的，并不一定是一锤子买卖，很多企业之间的
债权债务关系往往是剪不断、理还乱。很多交易都是用债务关
系中产生的账面上的数字结算的。合同到期后，双方或者多方
坐下来算算总账，你欠我多少数字，我又欠你多少数字，正负
数完全可以一笔勾销。通过计算货币就结算了多笔交易，根本
不需要实体货币参与，只是将最终的差额用实体货币结算，如
果信用程度足够的话，这个差额可以继续延期到下一个支付周
期交割。在当代，这种交易方式是大规模存在的，在债权债务
关系的背景下，账面上的应收账款、应付账款的数字本质上就

成了计算货币，依靠这种记账前根本不存在的货币形式完成了交易，产生了大量的需求和供给，同样对价格、经济、金融有影响，和实体货币的支付功能是完全相同的。这种交易方式必须在信用足够、双方互信的基础上。计算货币对信用程度的要求较高，要求双方都必须具有契约精神，尤其是买方能够按照合同约定，到期后用实体货币支付差额，否则可能产生危机。另一个重要条件是货币的价值要稳定，否则债权债务关系就会出现失衡。例如，严重的通货膨胀会导致货币价值下降，债权方受损，债务方受益，债权方可能会要求提前收回货币，赶紧还钱，这就意味着计算货币要实体化。而债务方则倾向于尽量拖延还款，让计算货币尽量被通货膨胀稀释。这种情况在个人与企业之间存在，在国与国之间更容易出现。当汇率出现大的波动时，债务危机往往会爆发，本质上就是计算货币无法继续依靠信用安静地躺在账面上了，债权方会要求计算货币提前成为实体货币，无法等到一个支付周期之后再计算差额。

（3）汇票等各种票据化的信用货币。在本书关于货币供给部分我们曾经对马克思的货币供给理论做出过解释，企业相互之间开具的各种商业票据，包括企业和银行之间的商业票据等，也包括个人在银行存款时开具的信用凭证等非实体货币的票据类的货币本质上都是货币，是计算货币，票据上的数字代表了这种货币也是观念上的数字，虽然不在传统货币供给的统计数字中，但这些信用货币同样执行货币职能，增加流通中的货币数量，可以进行买卖，刺激需求和供给。例如，人们可以用支票直接购买，企业之间可以用开具汇票等方式进行相互买卖、交易等。可见，汇票等票据类信用货币本质上也是计算货币，只不过比起债务类的计算货币多了一纸凭证，虽然依然不是实体货币，但能执行货币的支付功能。当然，这种计算货币也要建立在信用程度足够的基础上，只有企业之间互相信任才会相互开具汇票，银行才会进行承兑、贴现等业务。一旦信用程度出现问题，这种计算货币同样会要求实体化，即企业会争相兑现票据，换成实体货币，货币自身矛盾就可能激化。

可见，计算货币作为马克思与凯恩斯货币金融思想的重要载体有其重要的理论与现实意义。计算货币的提出是和实体货币对应的，实体货币是看得见摸得着的真金、白银、纸币，而计算货币是"表征"和"名义"，也就是非实体形式的数字，可能是账面上的数字，也可能是票据上的数字，计算货币与实体货币具有同样的职能，同样可以进行支付，刺激经济，增加需求，并且这种计算货币的数量往往远远大于实体货币的数量。在当代社会的金融自由化的浪潮中，各种金融创新层出不穷，各类金融衍生品几乎呈现泛滥之势，这些金融产品本质上也都是计算货币，其本身都是不存在的，但都能执行货币职能，都可以对经济、对供求产生与实体货币同样的作用，而且其数量和实体货币的数量相比，已经远远不是一个数量级了。计算货币某种程度上更能适合执行货币的支付职能，凯恩斯指出，仅仅依靠实体货币执行货币职能和以物易物并无更大区别。

计算货币是基于实体货币衍生出来的，但二者之间绝不是和平共处、和谐统一的，而是先天就具有不可调和的矛盾，这就是货币自身的矛盾。在计算货币大量膨胀的当今时代，这种矛盾也一直被不断放大，矛盾的激化几乎很难避免了。

（二）矛盾激化

上文已经系统论述了货币自身存在的矛盾，即观念中的数字化的计算货币和实体货币的矛盾，当这一矛盾激化时，货币危机就可能爆发，引发金融危机以及经济危机甚至政治危机。马克思在《资本论》一卷中描述了这个矛盾激化以至于危机爆发的过程："这种矛盾在生产危机和商业危机中称为货币危机的那一时刻暴露得特别明显。这种货币危机只有在一个接一个的支付的锁链和抵销支付的人为制度获得充分发展的地方，才会发生。当这一机制整个被打乱的时候，不问其原因如何，货币就会突然直接地从计算货币的纯粹观念形态变成坚硬的货币。这时，它是不能由平凡的商品来代替的。商品的使用价值变得毫无价值。昨天，资产者还被繁荣所陶醉，怀着启蒙的骄傲，宣布货币是空虚的幻想。只有商品才是货币。今天，他们在世界市场上到处叫嚷：只有货币才是商品！像鹿渴求清水一样，他们的灵魂渴求货币这唯一的财富。不管是用金支付，还是用银行券这样的信用货币支付，货币荒都是一样的。"[①] 马克思的《资本论》中有多处论述了危机的本质是货币危机，根源在于货币自身的矛盾，也就是计算货币和实体货币的矛盾，由于某些外部因素引起货币内在矛盾的激化到一定程度，货币危

① 马克思. 资本论（第 1 卷）[M]. 北京：人民出版社，2002：159.

机就爆发了，并引起后续的一系列危机。可见，危机的根源始终都是货币自身的矛盾，这是最直接最根本的危机的原因，而其他原因都是引起货币自身矛盾加剧的原因。除了马克思和凯恩斯，其他关于金融危机的研究包括当代的研究大都把重心放到引起矛盾加剧的外在原因，只能达到"知其然"的程度。例如，次贷危机的研究集中在金融监管、金融自由化和各种衍生品本身，都知道这些金融创新导致了风险，但导致的到底是什么风险却无人提及。读了马克思和凯恩斯计算货币理论之后，我们就会明白，金融自由化和金融衍生品导致的是货币自身矛盾加剧的风险，计算货币数量的剧增与实体货币远远无力承接的风险。

那么，到底什么原因导致货币自身矛盾激化呢，能否对每次危机不同的外部原因进行总结，而不是每次都要找不同的原因呢？马克思在《资本论》中多次提及危机的直接原因就是信用的危机。当信用出现危机时，货币的矛盾就会激化，货币危机就山雨欲来了。在《资本论》第三卷中，马克思在多处使用了"信用主义"和"货币主义"两个词，他说："在危机中，信用主义会突然转变成货币主义。"[①] 按照马克思的思想，货币自身的矛盾是否会爆发，要看信用程度。当人们互相信任，经济前景看好，预期乐观时，计算货币会和实体货币和平共处，各自按照自身规律运行，计算货币作为观念中的数字货币执行货币的各项职能，尤其是支付手段职能，许多笔交易可以用数字化的账面上

① 马克思. 资本论（第 3 卷）[M]. 北京：人民出版社，2002：608.

的计算货币来结算，许多正数和负数互相抵销，大都不需要实体货币参与，即使需要，最多也只是结清余额。这种情况就是马克思所说的"信用主义"。而"货币主义"则指的是当信用程度恶化，人们相互之间失去信任，对经济前景失去信心，预期悲观时，原本通畅的数字货币的支付链条就会断裂，债权债务的利用计算货币自动抵销的机制就被打破。人们对计算货币不再有信心，要求用实体货币进行结算，而现实中根本没有那么多实体货币来承接本应是计算货币执行的支付功能，于是，多米诺骨牌就会依次倒下，危机爆发。可见，当信用程度恶化时，信用主义会变成货币主义，计算货币要求实体化，现金化，现实中根本没有那么多实体货币，危机就不可避免了。

同时，货币危机会造成众人皆知的"流动性危机"，其原因就在于计算货币数量远远大于实体货币。当信用程度恶化，人们不信任计算货币，都要求使用实体货币时，实体货币的数量远远无法满足，于是，危机开始，而本就有限的实体货币反而由于信心不足会被人们贮藏起来抵御风险，进一步加剧流动性问题，使得危机进一步恶化，成为"流动性危机"。马克思指出："危机一旦爆发，问题就只是支付手段。但是因为这种支付手段的收进，对每个人来说，都要依赖另一个人，谁也不知道另一人能不能如期付款；所以，将会发生对市场上现有的支付手段及银行券的全面追逐。每一个人都想尽量多地把自己能够获得的货币贮藏起来，因此，银行券将会在人们最需要它的那一天从流通中消失。"①马克思的货币思想一直强调流通中的货币才是有意义的货币供给，在危机中更是如此，当危机爆发时，一国政府和央行为了缓解危机往往会增加货币供给，而由于信心不足，信用状态差导致新发货币无法进入流通，不能形成乘数效应，流动性问题往往并不容易解决。

在危机爆发时，人们只相信数量相对而言远远不足的实体货币，失去了对数字化、票据化的计算货币的信心，当然更失去了对商品以及资产的信心："因此在支付锁链和一种抵销支付的人为制度已经发达的地方，如果有什么震动强制地打断了支付之流，破坏了它们的抵销机制，货币就会突然从它的价值尺度的虚无缥缈的姿态一变而为坚硬的货币或支付手段，作为唯一的财富出现。人们在这种时机当作唯一财富渴求的就是货币，就是现金，而其他一切商品，表现为无用之物，废物和玩具。"②在危机过程中，经常出现的情景就是人们抛售资产，卖房子、卖股票，一切都在被抛售，一切商品和资产都被抛弃，人们只相信最有价值的实体货币即金属货币时代的金银和当代的美元。

凯恩斯和马克思都强调，信心和信用状态是危机的直接原因。关于危机中信心和信用状态的描述，凯恩斯的著作中也有多处加以论述，他指出："我们必须对信心状态的其他方面也加以考虑，即考虑放款机构对向它借款的人的信心，有时也被称

---

① 马克思. 资本论（第 3 卷）[M]. 北京：人民出版，2002：598—599.
② 马克思恩格斯全集（第 13 卷）[M]. 北京：人民出版社，1965：135—137.

为信用状态。信心和信用状态二者中的任何一个的低迷不振便足以导致股票价格的崩溃，从而给资本边际效率带来灾难性的后果。"[1] 凯恩斯认为，信用和信心状态的恶化会导致资本边际效率的崩溃。凯恩斯所定义的资本边际效率指的是预期收益率，代表企业对未来的信心。当资本边际效率崩溃，企业对未来失去信心，对计算货币的信心也就不存在了，债务关系会迅速恶化，货币自身矛盾就会激化。同时，信心不足也会导致资本市场上金融资产价格崩溃，导致金融市场上的信用主义转变为货币主义，人们就会抛售金融资产追求实体货币，金融市场上的危机会加剧。

凯恩斯在著作中还有一段话讨论了利息率和资本边际效率到底哪个是危机的直接原因："对于'危机'的解释，我们一向习惯于强调利息率上升的倾向，而利息率的上升倾向又是由于来自交易和投机动机的对货币需求的增长。有时，这一利息率上升的因素确实可以起着使事态严重化的作用，偶然也许起着导火线的作用。但我认为，对危机的更加典型的、而且往往是决定性的解释基本上并不是利息率的上升，而是资本边际效率的突然崩溃。"[2] 在这段论述中，凯恩斯指出，通常人们会发现利息率上升会导致危机，因此认为利息率上升是危机的原因。但实际上，资本边际效率崩溃才是根本原因，虽然利率上升会加重危机，有时也会成为危机导火线，例如次贷危机爆发就有美

---

① 凯恩斯. 就业、利息和货币通论 [M]. 北京：商务印书馆，1999：161.
② 凯恩斯. 就业、利息和货币通论 [M]. 北京：商务印书馆；1999：327.

联储多次加息的背景。但凯恩斯认为，归根到底，资本边际效率代表的人们的信心和信用状态的崩溃才是根本原因。可见，凯恩斯和马克思在这一问题的思想是完全一致的，都认为信心和信用状态是直接原因，比其他各种危机原因都要更加接近本质。

（三）危机条件

关于货币危机根源是货币自身矛盾的思想在马克思和凯恩斯的著作中已有充分论述，众所周知，货币在人类历史上已经存在了几千年，货币自身的矛盾自然也始终存在，为什么在历史上不曾听闻经济危机，直到近代才出现大规模的金融危机，现代社会更是危机频发，且规模也越来越大，破坏力越来越强。可见，货币矛盾的爆发也是有条件的，矛盾的酝酿、发酵是需要土壤的。在《资本论》中有多处关于危机条件的论述，如"这种货币危机只有在一个接一个的支付的锁链和抵销支付的人为制度获得充分发展的地方，才会发生。"① 马克思指出，危机发生的条件是有必要的金融土壤，债权债务链条要得到充分发展，货币的支付手段要成为最主要的货币职能，这种用数字化、票据化的计算货币来进行抵销和支付的一个接一个的链条要有足够的规模和比重，计算货币要成为经济、金融活动中最主要的支付手段，计算货币的数量和占比要有相当的发展。马克思的这个危机条件显然也是近现代经济金融发展的规律和方向，当代甚至未来的发展会在这个方向上越走越远。当今世界，各经

---

① 马克思. 资本论（第1卷）[M]. 北京：人民出版社，2002：158.

济体的经济关系大都由一个个债权债务的支付链条构成，各个链条之间又互相交织，你中有我、我中有你，形成了巨大的网络，各国之间同样如此，全球实际上已经成为巨大无比的马克思形容的"一个接一个的支付与抵销的链条"所形成的巨网，这个网络的核心就是美国的华尔街。可见，马克思提出的货币矛盾酝酿，危机爆发的土壤和条件早已形成，并且会在未来的时代继续发展成熟。

马克思在著作中也解释了为什么在现代资本主义之前没有大规模的金融危机："在以前的生产方式中没有这种现象，因为在它们借以运动的那种狭隘的基础上，信用和信用货币都还没有得到发展。一旦劳动的社会性质表现为货币存在，从而表现为一个出于现实生产之外的东西，独立的货币危机或作为现实危机尖锐化的货币危机，就是不可避免的。"[①] 这段话明确指出，金融危机只有在信用制度发达，债权债务链条充分发展的国家和地区才有可能发生。在 200 年前西欧的发达资本主义国家开始爆发危机，在此之前资本主义还没有得到充分发展，现代化的金融体系没有建立，现代化的金融市场和金融机构也没有成型，银行等金融机构、证券市场等都占比很小。在金融手段欠缺，金融化程度没有深化的年代，债权债务链条没有充分发展，人为的抵销机制没有形成，货币的借贷关系没有社会化，实体货币主要执行着一手交钱、一手交货的流通手段职能，计算货币还没有大规模应用的土壤，信用发达程度还差得很远。债权

---

① 马克思. 资本论（第 3 卷）[M]. 北京：人民出版社，2002：585.

债务以及支付抵销机制没有形成一个接一个的链条，偶尔的债权债务关系都是单个独立的，往往只是某两个当事人之间的债权债务关系，如果一个人背信弃义，欠债不还，最多导致另一个人破产，不会形成债务链条断裂。因为根本不存在债务链条。更不会产生大规模系统性金融风险，因为金融机构没有充分发展，不承担大面积的金融风险。计算货币没有大规模产生及应用，就谈不到计算货币和实体货币的矛盾，货币内在的矛盾自然不会积聚，更不会激化，金融危机也就不可能出现了。可见，危机爆发的条件和土壤就是信用制度充分发展，现代金融体系建立，支付和抵销的债务链条乃至巨大债务网络基本形成，计算货币作为主要货币形式执行时空交错的支付手段。以上条件在当代经济、金融中都已具备而且早已发展充分，货币内在矛盾在这样的土壤下被激化也就不可避免了。换句话说，危机的发生概率是极大的，也是不可避免的，而这才是危机的根源和条件，无论金融监管的力度有多么大，都无法消除货币内在的矛盾，都无法消灭矛盾激化的土壤。金融监管最多能弱化每次危机爆发的直接导火索，而当世界金融到处都是火药桶，货币自身矛盾积聚时，星星之火甚至就可能引发金融危机，恐怕再强力的监管都可能鞭长莫及了。从次贷危机的爆发过程就可以明白这个道理。

（四）从计算货币视角看次贷危机

2008 年美国次贷危机是近年来规模最大、影响最深的一次金融危机，对这次危机的研究文献不可胜数，此次危机也成为经济学、金融学等教科书的典型案例。但到目前为止，对此次危机的分析和对其他危机的分析一样，大部分研究方式依然是对于危机过程和诱发原因的分析，少有能够深入到危机根源部分。我们接下来用马克思和凯恩斯的计算货币视角重新审视一下这次危机，去寻找根源与本质。

马克思在《资本论》第三卷中关于金融危机的一段论述非常适合次贷危机："所以乍看起来，好像整个危机只表现为信用危机和货币危机。而且，事实上问题只是在于汇票能否兑换为货币。但是这种汇票多数是代表现实买卖的，而这种现实买卖的扩大远远超过社会需要的限度这一事实，归根到底是整个危机的基础。"① 马克思生活的年代，汇票是当时计算货币的主要形式，在次贷危机爆发前，计算货币的形式则远比汇票复杂，其数量也不可同日而语，但本质都是一样的，都是计算货币，具体而言，既有各种抵押贷款，更有在此基础上形形色色的衍生证券，包括名噪一时的房屋抵押支持证券（Mortgage-Backed Security，简称 MBS）、担保债务凭证（Collateralized Debt Obligation，简称 CDO）、信用违约掉期（Credit Default Swap，简称 CDS）等。虽然计算货币的形式变了，也披上了神秘的数学模型的外衣，但其本质依然没有变。马克思的这段话同样适用于次贷危机，且能够直指次贷危机的根源和本质，只要把次贷危机中的元素代入其中即可："所以乍看起来，好像整个危机只表现为信用危机和货币危机。而且，事实上问题只是在于

① 马克思. 资本论（第 3 卷）[M]. 北京：人民出版社，2002：555.

MBS、CDO、CDS 等有价证券能否兑换为货币。但是这些 MBS、CDO、CDS 多数是代表现实买卖的，而这种现实买卖的扩大远远超过社会需要的限度这一事实，归根到底是整个危机的基础。"接下来简要分析次贷危机爆发前计算货币的情况。

1.住房抵押贷款

美国的一般抵押贷款按照信用级别分为三个等级：优级贷款，次优级贷款和次级贷款。次级贷款是信用最差，还债能力最差的抵押贷款，其借款人无资质证明，还款能力接近零，银行对此睁一只眼闭一只眼，根本没有严格核查其贷款资质与还款能力。借款人无信用可言，白给的钱岂能不用！美国从"9·11"恐怖袭击后，开始拉动房地产业，在各种利好刺激下，美国房价攀升，房地产市场迅速升温，其中次级贷款的快速增长功不可没，具体数字从表4-1中可见一斑：

表 4-1 美国房贷分类额度表

单位：亿美元

| 年　份 | 一般抵押贷款 | | | 政府抵押贷款 |
|---|---|---|---|---|
| | 次级贷款 | 次优级贷款 | 优级贷款 | |
| 2001 | 1900 | 600 | 4300 | 14330 |
| 2002 | 2310 | 680 | 5760 | 18980 |
| 2003 | 3350 | 850 | 6550 | 26900 |
| 2004 | 5400 | 2000 | 5150 | 13450 |
| 2005 | 6250 | 3800 | 5700 | 11800 |
| 2006 | 6000 | 4000 | 4800 | 10400 |

数据来源：Yuliya Demyanyk，Otto VanHemert.

前文对马克思计算货币理论的阐述中曾经解释了银行体系

派生的贷款本质上都是并不存在的计算货币，从表4-1中可以看出，次贷危机爆发前，美国的房屋抵押贷款保持着稳定的增长，也就意味着计算货币数量稳定增加，但其中信用程度最高的优级贷款占比逐渐下降，次级贷款比重却明显上升，信用程度好的计算货币占比逐渐降低，信用程度差的计算货币占比越来越大，也为货币自身矛盾的激化埋下了伏笔。

2.资产证券化衍生计算货币

资产证券化毫无疑问是重量级的金融创新，将流动性较差的非证券化资产打包，形成类似债券形式向市场出售获得现金，对这些债券的还本付息则以这些非证券化资产的未来现金流量为基础。以次贷衍生品为例，美国的商业银行把次级贷款转移给"房地美"和"房利美"等金融机构，"两房"以次级贷款债权为基础发行各种衍生证券，向全世界投资者出售。图4-1说明了次贷不断证券化的过程。

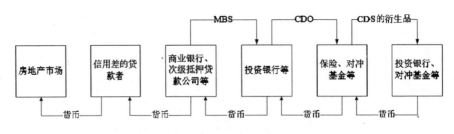

图4-1 次贷证券化运行模式图

图4-1说明了次贷证券化的过程，在此过程中，各种金融衍生品层出不穷，而其本质都是新增的计算货币，通过数学模型的加持，风险看似分散的同时实际上是计算货币数量的迅速

扩张。以 CDO 的发行额度为例：

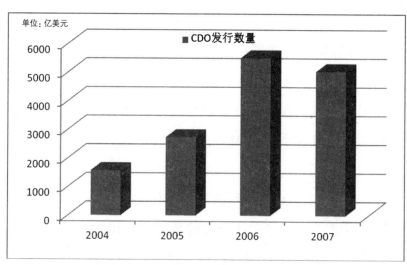

图 4-2 2004—2007 年美国 CDO 发行额度图

从图 4-2 中可以看出，次贷危机发生前，CDO 的数量急剧扩张，而华尔街的金融高手继续发挥聪明才智，将计算货币的扩张进行到底，他们继续以 CDO 为基础发行基于 CDO 的金融衍生产品，包括 CDO 平方、CDO 立方……CDO 的 n 次方，衍生品可以无限被创造，计算货币的数量在理论上可以达到无穷大。

再看 MBS 的扩张，截止到 2007 年年底，"两房"的核心资本共计 832 亿美元。"两房"为了赚取暴利，以这 832 亿美元支撑累计发行数额高达 52 万亿美元的房屋抵押支持证券。MBS 的价值额是其核心资本的 625 倍。计算货币扩张的恐怖程度可见一斑。

以上仅仅从 MBS 和 CDO 的扩张举例，而次贷危机前基于资产证券化基础上衍生的计算货币的数量到底是多少，恐怕没人能说得清，可能会成为金融史上永远的谜团了！但这些衍生品代表的计算货币的恐怖扩张是所有人都必须承认的。

3.股票与债券代表计算货币

美国次贷危机爆发前，股票与债券的数量同样在快速增长，且股票与债券与货币数量 $M_1$ 与 $M_2$ 的比例也一直在增加，详见表4-2。

表4-2说明，美国的股票与债券代表的证券类的计算货币数量在不断增长，虽然实体货币的数量也在增长，但从占比看，证券类计算货币增速要明显超过实体货币数量的增速，也意味着实体货币对证券类计算货币的支撑能力越来越弱，货币自身的矛盾激化的可能性在不断增加。

总之，次贷危机之前，以上三种计算货币的数量都在快速增长，其增速都快于实体货币，尤其是次贷衍生品类的计算货币通过华尔街的金融天才们的各种金融创新，其数量之巨大，扩张速度之快已经达到失控的程度。计算货币总额度之大甚至已经无法进行完整的统计和计算，如此巨大体量的计算货币有相当大的部分都建立在次级贷款的基础上，其信用基础极其脆弱，可以说是虚无缥缈的空中楼阁，一旦外部环境有变，任何风吹草动都可能迅速造成信心逆转，实体货币根本无力支撑上面如此体量的计算货币，计算货币如果要求实体化，金融危机立刻就会爆发，金融海啸当然就无法避免了。

表4-2　2000—2009年美国金融指标单

单位：10亿美元，%

| | 2001年 | 2002年 | 2003年 | 2004年 | 2005年 | 2006年 | 2007年 | 2008年 |
|---|---|---|---|---|---|---|---|---|
| GDP | 10286.175 | 10469.6 | 10960.75 | 11712.475 | 12455.825 | 13244.55 | 14077.65 | 14441.425 |
| 市价总值 | 15628.609 | 12438.348 | 16638.721 | 18947.166 | 20642.789 | 24066.337 | 25195.619 | 15189.751 |
| 债券交易额 | 132314 | 163774 | 194870 | 211848 | 238160 | 231348 | 263900 | 269360 |
| $M_1$ | 1182.2 | 1220.4 | 1306.9 | 1377.1 | 1375.3 | 1367.9 | 1375.8 | 1594.7 |
| $M_2$ | 5434.1 | 5785.9 | 6073.7 | 6415.2 | 6679.2 | 7079.5 | 7509.4 | 8241.60 |
| $M_1$/GDP | 11.49 | 11.66 | 11.92 | 11.76 | 11.04 | 10.33 | 9.77 | 11.04 |
| $M_2$/GDP | 52.83 | 55.26 | 55.41 | 54.77 | 53.62 | 53.45 | 53.34 | 57.07 |
| 股票交易额/GDP | 249.23 | 216.42 | 203.38 | 231.87 | 266.72 | 315.58 | 447.97 | 544.63 |
| 市价总值/GDP | 151.94 | 118.80 | 151.80 | 161.77 | 165.73 | 181.71 | 178.98 | 105.18 |
| 债券交易额/GDP | 1286.33 | 1564.28 | 1777.89 | 1808.74 | 1912.04 | 1746.74 | 1874.60 | 1865.19 |
| 股票交易额/$M_1$ | 2168.52 | 1856.60 | 1705.68 | 1972.13 | 2415.67 | 3055.62 | 4583.83 | 4932.15 |
| 股票交易额/$M_2$ | 471.77 | 391.61 | 367.02 | 423.34 | 497.41 | 590.41 | 839.80 | 954.34 |
| 市价总值/$M_1$ | 1321.99 | 1019.20 | 1273.14 | 1375.87 | 1500.97 | 1759.36 | 1831.34 | 952.51 |
| 市价总值/$M_2$ | 287.60 | 214.98 | 273.95 | 295.35 | 309.06 | 339.94 | 335.52 | 184.31 |
| 债券交易额/$M_1$ | 11192.18 | 13419.70 | 14910.86 | 15383.63 | 17316.95 | 16912.64 | 19181.57 | 16890.95 |
| 债券交易额/$M_2$ | 2434.88 | 2830.57 | 3208.42 | 3302.28 | 3565.70 | 3267.86 | 3514.26 | 3268.30 |

资料来源：U.S.Census Bureau：Statistical Abstract of the United States.

# 第二节　干预还是放任论战

大危机发生的时候，对于所有人都是一场巨大的灾难。人们面对着突如其来的金融海啸会完全处于一种惊慌失措、极度焦躁的状态。每个人都知道发生了什么，但对原因是什么，则众说纷纭，更重要的是此时该如何面对危机，是放任自流，任由市场去自发修复，还是应该由国家、政府采取紧急的措施进行干预。关于这个辩题的辩论也随着金融危机的不断发生而一直持续至今。尽管干预派近年来明显占据上风，但历次危机的干预措施往往也为后续社会经济发展，甚至阶级分裂、政治秩序等留下严重的后遗症并制造新的问题。以下由亚当·斯密和凯恩斯展开关于放任和干预思想的论战。

## 一、正方辩手亚当·斯密的放任论

亚当·斯密作为古典经济学派的掌门人，一直高举纯粹经济学的大旗，认为"看不见的手"完全可以"一手遮天"，市场能够解决所有问题，自然也包括经济危机。亚当·斯密在著作中指出："各个人改善自己境遇的自然努力，是一个那么强大的力量，以致没有任何帮助，亦能单独地使社会富裕繁荣，而且还能克服无数的顽强障碍，即妨害其作用的人为的愚蠢法律，不过这些法律或多或少地侵害了这种努力的自由，或减少了这种努力的安全。"①亚当·斯密认为，个人追求利益最大化的努力具有强大的力量，可以克服各种障碍，解决各类问题，是包治百病的良药，是解决所有难题的根本。法律、法规等等国家和政府的限制条件往往会侵害这种能力，减少这种效应，因此是很"愚蠢"的。可见，亚当·斯密对于一国政府治理国家、管理经济的努力是颇有微词的，他完全反对政府对经济的干预。在《国富论》中有多处表达此种观点，例如："个人的利害关系与情欲，自然会使他们把资本投在通常最有利于社会的用途。但若由于这种自然的倾向，他们把过多资本投在此等用途，那么这些用途利润的降落，和其他各用途利润的提高，立即使他们改变这错误的分配。"②在这段话中，斯密认为"看不见的手"在金融市场也同样具有自发调节的功能。哪里利润高，资本就去哪里，而资本多了，利润率就又会下降，资本市场完全可以自发达到均衡。亚当·斯密所在的时代，资本的数量和今天是不能相提并论的，计算货币的扩张并不明显，因此，古典学派的理论总体上是适用于当时的情况的。但亚当·斯密没有看到资本的发展速度之快，不会预料到计算货币的扩张会给经济和金融带来翻天覆地的变化，古典经济学的思想理论本身所要求的前提在今天很多已经不具备了。计算货币的扩张某种程度上代表了人性中逐

---

① 亚当·斯密. 国民财富的性质和原因的研究（下卷）[M]. 北京：商务印书馆, 1996：112.
② 亚当·斯密. 国民财富的性质和原因的研究（下卷）[M]. 北京：商务印书馆, 1996：199.

利贪婪的一面在无限扩张，一旦追求私利的先天本性遇到计算货币扩张的金融环境，恐怕"看不见的手"根本拉不住这匹脱缰的野马。建立在"看不见的手"基础上的当代金融自由化的思想恰恰使得计算货币急剧扩张，金融危机、经济危机乃至政治动荡几乎是无法避免的。当危机爆发时，如果依旧自由放任，寄希望于"看不见的手"，让市场自发调节出清，任由危机蔓延，那么后果显然是灾难性的。对此，亚当·斯密的思想显然没有达到马克思和凯恩斯的认识深度。

二、反方辩手凯恩斯的干预论

凯恩斯的理论体系是建立在对斯密古典经济学批判的基础之上的，在其《货币论》《预言与劝说文集》和《就业、利息和货币通论》等诸多著作中，凯恩斯全方位、多角度、立体式、无死角地批判了亚当·斯密主义的纯粹经济学思想，并在此基础上创立和发展了政府和市场相结合的"政治经济学"（后人更多称之为"宏观经济学"）。凯恩斯在其著作中提到，经济危机问题就是政治经济学问题："大危机的问题不是一个有关人的体力与耐力的问题；不是一个工程问题或农业问题；甚至不是一个企业问题，如果我们的意思是指借助于企业，那些可以使个别企业家发财致富的计算、安排和组织行为。这也不是一个银行业问题，即借助于银行业，可以培养起持久的往来关系，避免不适当托付的那些作出精明判断的原则和方法。相反，在最严格的意义上，这是一个政治经济学问题。"① 凯恩斯主义认为,大危机产生的理论基础恰恰就是斯密主义的纯粹的经济学。正是斯密主义的"自由放任"思想让经济尤其是金融体系完全失控,人性中的贪婪就像潘多拉的盒子,一旦没有任何顾忌地完全打开,后果是难以预料的。凯恩斯认为,无论是对危机的预防,还是危机爆发后的缓解措施,都需要批判并抛弃斯密主义的传统古典纯粹市场经济学,必须创建政治经济学体系。

凯恩斯指出,在危机发生时,市场是失灵的,无法自我修复,在《预言与劝说》中凯恩斯用了一个形象的比喻:"这就好像两个在公路上相遇的汽车司机,由于双方谁都不清楚交通规则,因而相持不下,不能顺利地错车而过。在这个问题上,他们自己的膂力没有用武之地,汽车技师也爱莫能助,道路状况再好也同样无济于事。除了一点明确的认识之外,其他什么也不需要、不起作用。卡车恐怕永远也不会顺利通过。他们将通宵不眠,雇佣更多清醒的司机,装备新的发动机,加宽路面;但他们仍将永远难以通过,除非他们能够停下来想一想,和对面的司机一起商量,做出一个小小的设计,让双方同时靠各自的左边一点行驶。"② 凯恩斯用这个生动的比喻来说明危机发生时,所有人都是迷惑、焦虑的,市场的各种努力和调节都是无用功,只能加重恐惧和迷茫。凯恩斯认为,此时最明智的举措就是高举政治经济学大旗,国家和政府必须强势进行干预,传

---

① 凯恩斯. 预言与劝说 [M]. 南京:江苏人民出版社,1997:368.
② 凯恩斯. 预言与劝说 [M]. 南京:江苏人民出版社,1997:367—368.

统古典经济学的自由放任思想必须被摒弃："在我看来，经济学界的同行们犯了一个想当然的错误，把数千年来管理国家的一个有现实意义的主要目标当作无聊的盲目信念。事实上，相反的做法才是对的。不受国际事态影响的自主的利息率政策再加上旨在取得最优国内就业水平的国家投资计划才具有双重的好处。"[①] 关于政府干预还是自由放任思想的辩论在经济学的几乎每个领域中都一直存在，并将会持续下去。凯恩斯一直旗帜鲜明地支持国家和政府干预经济，因为市场无法自发达到最优状态，尤其是在危机状态："关于这一学说，多少世纪以来，甚至千百年以来，开明的社会舆论认为是显然无可非议，然而，它却被古典学派斥之为幼稚的说法。在这里，有必要恢复它的声誉。我所指的学说是：利息率并不会自动调节到最有利于社会的水平，而经常上升到过高的位置，从而，明智的政府应该通过法令、风俗、甚至伦理道德的制裁来加以抑制。"[②] 凯恩斯认为，千百年来一国政府治理国家，管理经济当然无可非议，是极有意义和极其必要的，但古典经济学派却斥之为幼稚，将国家和政府的地位和作用极度贬低，凯恩斯认为这是极不正常的。关于一国政府如何在大危机中让经济尽快走出泥潭，前文中笔者曾在"孰能富国"的论战篇全面介绍过，此处不再赘述。

反对派对于干预思想最大的质疑之处在于认为这种干预会使得经济活动失去效率，影响市场活力，对此凯恩斯也有解释：

①　凯恩斯．就业、利息和货币通论 [M]．北京：商务印书馆，1999：349．
②　凯恩斯．就业、利息和货币通论 [M]．北京：商务印书馆，1999：362．

"保证充分就业所必需的中央控制当然会大为扩充传统的政府职能。……尽管如此，仍然会留下广阔的天地使私人在其中运用他们的动力和职能。在这个天地中，传统的个人主义的有利之处仍然会继续存在。"[①] 这段话将"看得见的手"和"看不见的手"之间的关系说得很清楚，依靠"看不见的手"不会让经济自发达到充分就业状态，危机发生时更是如此。二者必须以政府这只"有形之手"主导，在保证充分就业，并让利率处在合理水平的基础上，会有更加广阔的空间让市场发挥无形之手的作用，私人企业的活力反而可以得到更加充分的释放，"海阔凭鱼跃，天高任鸟飞"！这种思想无论在哪种经济状态下都是必要的，这就是政治经济学思想的意义所在。凯恩斯在其著作中多次提到过"政治经济学"一词，与马克思的政治经济学思想本质上是一致的，虽然一个用的是数学工具，一个用的是哲学工具，但二人殊途同归，都在对古典经济学进行批判的基础上建立了政治经济学体系。然而，后人经常将二人的思想放在对立的位置，一个被认为是政治经济学体系，一个被认为是西方经济学（宏观经济学）体系，令人无奈之余也不无遗憾。

---

① 　凯恩斯. 就业、利息和货币通论 [M]. 北京：商务印书馆，1999：393.

# 附　录

## 马克思金融理论的现代性 [①]

杨惠昶　赵严冬　孙涵 [②]

**摘要：**马克思最先阐述了金融学与经济学的联系与区别，他指出经济学研究的是谋生术，金融学研究的是赚钱术。他分析了金融扩张快于货币扩张和经济扩张，金融扩张既具有合理性，又具有投机的两重性，同时也说明了信用主义转变为货币主义是金融危机爆发的直接原因。这几个方面都是现代经济理论和金融理论中的焦点问题、核心问题和难点问题。

**关键词：**金融；货币；信用；现代性

**中图分类号：**F0 — 1 **文献标识码：**A **文章编号：**1005 — 2674（2012）11 — 033 — 05

马克思的金融理论主要集中在《资本论》中，而《资本论》第一卷出版于 1867 年，第二卷出版于 1885 年，即使是 1894 年出版的第三卷，到现在也已经过去了 118 年。那么，马克思金融理论的现代性从何谈起呢？就理论和思想而言，它的现代性并不是说它是现代产生的，而是说其在现代社会所发挥的作用，

① 该文发表在《当代经济研究》2012 第 11 期。是教育部人文社会科学重点研究基地重大项目（07JJD790131）的阶段性成果。

② 杨惠昶（1947— ），男，吉林双阳人，吉林大学商学院教授，博士生导师，主要从事金融学研究；赵严冬（1977— ），男，吉林双阳人，吉林大学商学院博士研究生，北京邮电大学经济管理学院讲师，主要从事金融学研究；孙涵（1983— ），男，吉林大学商学院博士研究生，主要从事金融学研究。

所产生的重要影响。

一、金融学是从经济学中分离出来的相对独立的学科

马克思早在《资本论》第一卷第四章中就注意到了对经济学和金融学的进行区分。为此，他引用了亚里士多德拿经济与货殖进行对比的一段表述："经济作为一种谋生术，只限于取得生活所必要的并且对家庭或国家有用的物品。……但是还有另一种谋生术，把它叫做货殖是很适当、很贴切的。……对货殖来说，流通是财富的源泉。货殖似乎是围绕着货币转，因为货币是这种交换的起点和终点。因此，货殖所追求的财富也是无限的。……它的目的也是没有止境的，它的目的就是绝对的致富。有界限的是经济而不是货殖……前者的目的是与货币本身不同的东西，后者的目的是增加货币。"[①] 在这里必须指出，马克思在《资本论》中并没有使用"金融"这个概念，而是使用"货币自行增殖"和"信用"这两个词。马克思在《资本论》中论证的货殖学或信用学就是研究货币如何生出货币，货币如何转化为资本的学问，这正是现代人所讲的金融学。

马克思认为金融学和经济学的区别主要有以下几点：

（1）经济学所研究的是如何改善生活、提高福利的道理；金融学研究的是如何让货币自行增殖的道理。

（2）经济学认为商品的使用价值在于能满足人们的某种需要；金融学认为货币的使用价值除了作为价值尺度和流通手段

---

① 马克思. 资本论（第 1 卷）[M]. 北京：人民出版社，1975：174.

以外，还有一种更重要的使用价值就是通过借贷生成利息，转化为资本。

（3）经济学认为资源是有限的，财富是有限的；金融学认为货币自行增殖是无限的。

（4）经济学研究的是货币和商品之间的交换关系；金融学研究的是货币自己对自己的关系，是本金和利息之间的关系，是单纯的数量关系。

马克思和恩格斯不仅认为金融学是与经济学相独立的学科，而且还认为，在现实生活中，在一定条件下，金融活动和状况决定经济活动和状况。恩格斯指出："产品贸易一旦离开生产本身而独立起来，它就会循着本身的运动方向运行，……并且反过来对生产运动起作用。……金融市场也是如此，金融贸易和商品贸易已分离，……金融贸易对生产的反作用就变得更加厉害而复杂了，一切都倒置过来了，而这种颠倒，——他在被认清以前是构成我们称之为思想观点的东西——又对经济基础发生反作用，并且在某种限度内改变它，我以为这是不言而喻的。"①

在当代，这种颠倒已经是普遍存在的了。从 20 世纪 90 年代起，人们经常谈的是 1997 年的东南亚金融危机，2000 年的阿根廷金融危机，2008 年的美国金融危机。G20 峰会和其他国际重要会议讨论的都是金融问题，各国的报纸、杂志、电视、广播、网络等都不约而同地讲述有关汇率问题、利率问题、股

① 马克思恩格斯《资本论》书信集 [M]．北京：人民出版社，1976：503—506.

票价格涨跌问题，但还说不清楚这些问题。西方人对金融问题的迷茫来源于理论上的迷茫。前一时期，美国奥巴马政府想通过增加美元供给这种损人利己的方法来摆脱美国经济的困境。马克思说："信用货币的贬值（当然不是说它的只是幻想的货币资格的丧失）会动摇一切现有的关系。因此，为了保证商品在货币上的幻想的、独立的存在，就要牺牲商品的价值。一般说来，只要货币有保证，商品价值作为货币价值就有保证。因此，为了几百万货币，必须牺牲许多百万商品。这种现象在资本主义生产中是不可避免的，并且是它的妙处之一。"[①] 根据马克思的理论，我们可以对奥巴马说："喂！总统先生，你要当心啦，美元的贬值会动摇一切现有的关系，会动摇美元在国际货币体系中的地位，一旦美元的世界货币地位发生动摇，美国在世界的经济地位和政治地位都要发生动摇。总统先生！你要保住美国在世界的经济地位和政治地位，就必须保证美元价值稳定。否则，一切都无从谈起。"

马克思在一百多年前就看到了金融问题是信用和信心问题。有信用、有信心金融就稳定，经济就发展，否则就会发生金融危机，经济就衰退，这就足以说明马克思的金融理论是多么具有现代性。

## 二、金融扩张快于货币扩张和经济扩张

进入 21 世纪以来，资产证券化的速度加快，证券创新花

---

① 马克思. 资本论（第3卷）[M]. 北京：人民出版社，1975：585.

样繁多，证券的供给成十倍甚至成百倍地增长。金融扩张快于货币扩张和经济扩张，这只能用借贷资本乘数扩张的理论加以解释。很多西方经济学家都说乘数理论是凯恩斯首先提出来的，这不符合事实。马克思在《资本论》第三卷中直接引用了亚当·斯密这样一段话："即使在货币借贷上，货币也似乎只是一种凭证，依靠这种凭证，使某个所有者不使用的资本从一个人手里转到另一个人手里。这种资本，同作为资本转移工具的货币额相比，不知可以大多少倍；……同一些货币能够用来进行等于其价值三倍以至三十倍的借贷。"① 马克思指出："随着生息资本和信用制度的发展，一切资本好像都会增加一倍，有时甚至增加两倍，因为有各种方式使同一资本，甚至同一债权在不同的人手里以不同的方式出现。这种'货币资本'的最大部分纯粹是虚拟的。……正如在这种信用制度下一切东西都会增加一倍和两倍，以至变为纯粹幻想的怪物一样。"②

　　亚当·斯密、马克思关于信用扩张的乘数理论能科学地说明 2008 年美国金融危机中房屋抵押支持证券（MBS）、担保债务凭证（CDO）、信用违约掉期（CDS）等创新的金融工具如何以乘数的方式增长。信用扩张乘数理论告诉我们，某一个货币额只要进入借贷领域流通，就会永不休止地运动，从借入变成贷出，再从贷出变成借入；从存款变成贷款，再从贷款变成存款；从一个人手里转到另一个人手里，从一家银行转到另一家银行；

---

① 马克思 . 资本论（第 3 卷）[M] . 北京：人民出版社，1975：534.
② 马克思 . 资本论（第 3 卷）[M] . 北京：人民出版社，1975：533—535.

从货币变成证券，再从证券变成货币，这个过程循环往复以至无穷。这个货币额本身并没有变，也没有增加，但是这个同一的货币额在不断易手的过程中所产生的账面货币不仅增长，而且还成十倍、成百倍地增长，甚至增长成为绝对无法确定的庞大数额。

美国住房支持证券就是这样增长的。首先是商业银行向信誉不太高的购房者提供住房信贷，这一定量货币额首先在商业银行以对外贷款的形式存在；其次是商业银行把这同一贷款债权转让给"房利美"和"房地美"这两家公司，"两房"向商业银行提供与债权相同的货币额；最后是"两房"以这个债权及其未来利息为虚拟的本金，制成名为房屋抵押支持证券的特殊债券，并向全世界的投资者出售。截止到2007年年底，"两房"核心资本共计832亿美元，但却发行了5.2万亿美元的房屋抵押支持证券。占全部约12万亿美元房屋抵押支持证券的44%，几乎相当于美国2007年GDP的40%。这个数额是其核心资本的625倍，资本就这样以625倍方式增长了。房屋抵押支持证券的乘数增长仅仅是证券增长的开端。"两房"发行房屋抵押支持证券多数被"五大投资银行"所购买。"五大投资银行"将房屋抵押支持证券买进之后，再与其他信誉较高的债券相混合，打包之后再发行担保债务凭证。

持有CDO的投资银行为了逃避杠杆风险与美国国际集团这家保险公司磋商并达成契约。CDO持有者承诺每年向保险公司付一定量保险费，连续10年，总额巨大、可观。假如持有

CDO 的投资者没有违约，那么保险公司不花任何成本得到这笔保险费，如有违约，保险公司要代为赔偿。保险公司的经验证明发生违约的情况还不到 1%。双方就这样拍板成交，信用违约掉期就这样被创造出来了。它一经问世，就引起了国际金融市场的热烈追捧，其规模从 2000 年的 1 万亿美元暴涨到 2008 年 3 月的 62 万亿美元。

从美国的 MBS 到 CDO，再到 CDS，资本以十倍、百倍乃至于无穷倍增长。这就是马克思关于信用货币加倍扩张理论所具有的现代性的雄辩证明。

### 三、金融扩张既有合理性又有投机性

人们都知道利息产生的过程（或者说货币转化为资本的过程）是借贷过程，是信用过程，也是一个法律过程，履行契约的过程，是法律保证和保护贷款者的索取权，保证证券的索取权。比简单的借贷更复杂的现代借贷方式也表现为法律过程。在美国 2008 年大出风头的信用违约掉期也是一种法律契约，也是通过法律程序创造出来的。

有人可能会提出疑问，国家通过立法保证货币所有权得到利息这种做法是正义之举吗？ 马克思对这个问题的回答是肯定的，"交易的正义性在于：这种交易是从生产关系中作为自然结果产生出来的。这种经济交易作为当事人的意志行为，作为他们的共同意志的表示，作为可以由国家强加给立约双方的契约，表现在法律形式上，这些法律形式作为单纯的形式，是不能决

定这个内容本身的。这些形式只是表示这个内容。这个内容，只要与生产方式相适应，相一致，就是正义的；只要与生产方式相矛盾，就是非正义的。"① 恩格斯也说过："同以前各个时代相比，我们的全部进步就在于从身份到契约，从过去留下来的状态进到自由契约所规定的状态。"②

马克思和恩格斯的话告诉我们，金融交易作为法律过程，它的正义性就在于与生产方式相一致，并且促进生产方式的发展。传统的股票和债券交易在实体经济的基础上建立了虚拟经济，促进了西方实体经济的发展，早已得到认可。我国经济在改革开放的 30 多年中能以令人意想不到的速度发展主要归功于把带有自然经济色彩的计划经济改造成为货币经济和信用经济，在货币不断地转化为资本的过程中，促进了贸易的扩大、生产的发展和社会福利的普遍的、大幅度的提高。

金融交易还有另一重属性，那就是投机。所有的金融交易的共同特点就是抓住价格变动的机遇，赚钱获利。当价格具有上升趋势时，低价买入，等到价格升到一定程度之时，高价卖出，赚钱获利；当价格具有下跌趋势之时，高价出售，等到价格跌到一定程度之时，再低价买入，赚钱获利。可见，金融交易过程就是投机过程。金融交易所具有的投机本性就会造成金融市场不稳定。金融交易者买卖证券的积极行动的动力来源于他们心中自发的乐观情绪。现在虽然电脑普遍应用，但是这些

---

① 马克思. 资本论（第 3 卷）[M]. 北京：人民出版社，1975：379.
② 马克思恩格斯选集（第 4 卷）[M]. 北京：人民出版社，1973：75—76.

大大小小的金融家绝不利用电脑对证券进行数学推算来制定买入或卖出的决策。他们做出的买卖决策基本上起源于动物的本能，起源于投机的本能，起源于冒险的本能，起源于盲目的不顾后果的本能。正是这种本能，正是这种内在的冲动，推动金融市场红红火火、生气勃勃地运行。如果这些大大小小的金融家所具有的动物的本能有所减弱，而自发的乐观精神又萎靡不振，以致他们只能以数学期望值作为买卖证券的根据时，那么金融市场便会萎靡不振、冷冷清清，甚至崩溃。

凡是关注 2008 年美国金融危机的人都会产生一个疑问，在美国资产证券化的过程中，似乎人人都赚钱。买房者、借款者、商业银行、房利美和房地美、投资银行、美国国际集团几乎都赚了大钱。那么，这些钱到底从哪里冒出来的呢？从根本上说，这些钱来自信用，来自家庭、企业和个人的储蓄，来自银行存款和贷款反复的、无休止的运行。

马克思在《资本论》第三卷中指出："如果信用制度表现为生产过剩和商业过度投机的主要杠杆，那只是因为按性质来说可以伸缩的再生产过程，在这里被强化到了极限。它所以会被强化，是因为很大一部分社会资本为社会资本的非所有者所使用，这种人办起事来和那种亲自执行职能、小心谨慎地权衡其私人资本的界限的所有者完全不同。"① 这段话清楚地点明，信用制度造成大投机商都不是拿自己的钱，而是拿别人的钱去办事。美国这次金融危机说明，无论是次级贷款者，还是商业银

① 马克思. 资本论（第 3 卷）[M]. 北京：人民出版社，1975：498—499.

行，无论是"两房""五大投资银行"，还是美国国际集团都是投机者，都是拿别人的钱进行投机的投机者。他们是拿别人的钱，不是拿自己的钱去投机、去冒险、去赌博。所以，不怎么精打细算，不怎么顾及后果，出手格外大方，冒险精神十足，闯得勇气倍增，最终后果不堪设想。信用制度刺激了信贷，激起了人们的投机欲望，进而引发了危机。

马克思说，银行制度"也是引起危机和欺诈行为的一种最有效的工具"。① "银行盈利的实现在于其营业状况的好坏，但一切便利营业的事情，都会便利于投机。营业和投机在很多情况下紧密地结合在一起，很难说营业在哪一点终止，投机从哪一点开始"。② 美国这次金融危机的起因就在于银行为了投机获利，把接受的存款以较高的利率贷给信用较差的住房贷款者。再把他的对次级贷款者的债权转让给"两房"，以这种债权为基础发行MBS，再投机获利，然后又产生CDO、CDS这一系列的、愈演愈烈的投机工具。可见，这些投机活动的发端还是银行所进行的次级贷款。"两房""五大投资银行"和美国国际集团发行和买卖MBS、CDO和CDS一样都是投机活动。这些金融机构为什么明知有风险还心甘情愿地冒如此之大的风险去购买MBS、CDO和CDS呢？ 其根本原因就是这些金融机构的管理者们依据法律拿别人的钱去投机获利，所以，胆量格外大。

---

① 马克思. 资本论（第3卷）[M]. 北京：人民出版社，1975：686.
② 马克思. 资本论（第3卷）[M]. 北京：人民出版社，1975：457.

## 四、信用主义转变为货币主义爆发金融危机

自 20 世纪 90 年代以来，世界先后发生了多次金融危机，一波未平，一波又起。对频频爆发金融危机的原因，西方经济学家们罗列了大量的现象，越讲越复杂，人们还是只知其然而不知其所以然，越听越糊涂。马克思说："在危机中，信用主义会突然转变成货币主义。"[①]马克思在《资本论》第三卷中，多次用"信用主义"和"货币主义"这两个词。"信用主义"是指，在经济高涨或繁荣时期，人们普遍对未来经济充满信心，人们都相信货币的未来价值，相信各种形式的货币索取权，相信持有股票、债券、支票和各种证券，例如持有住房支持证券、担保债务凭证和信用违约掉期等都可以在不远的将来发大财。所以持有货币的人纷纷用货币购买各种有价证券，以求发财。这就是信用主义；"货币主义"是指在货币危机时期，人们对未来经济丧失信心，对各种有价证券丧失信心。觉得持有各种有价证券不但不能赚钱，只能赔钱。因此，都抛售各种有价证券，追求货币，引起各种有价证券价格大跌。昨天的信用主义者被证券市场的繁荣陶醉，怀着启蒙的骄傲，宣布货币是什么也生不出来的，货币贮藏者是可悲的守财奴，只有证券才是财富，才能增殖。今天，信用主义者变成货币主义者，他们又到处叫嚷，只有货币才是财富，他们像鹿渴

---

① 马克思. 资本论（第 3 卷）[M]. 北京：人民出版社，1975：608.

求清水一样，渴求货币这唯一的财富。在 2008 年，美国的股票交易额为 $M_1$ 的 49.32 倍，为 $M_2$ 的 9.54 倍；债券交易额为 $M_1$ 的 168.90 倍，$M_2$ 的 32.68 倍。可想而知，当绝大部分证券持有者都想把证券换成货币，证券何其多，货币又何其少也！证券价格大跌是必然的。当人们从信用主义突然转变到货币主义，视证券如粪土，把货币当作唯一的财富时，这就使得理论恐慌刺激心理恐慌，心理恐慌又刺激实际恐慌，人们争先恐后地抛售有价证券，抢购货币。在这种普遍的恐慌面前，不仅美国人，很多外国人也被华尔街恐慌吓得瑟瑟发抖了，金融危机就这样爆发了。

马克思在《资本论》第三卷中指出："汇票是通货的一个组成部分，其数额比其余一切部分加在一起的数额还要大。汇票这个巨大的上层建筑，是建立在由银行券和金的总额形成的基础之上的；如果在事情演变当中这个基础变得过分窄小，这个上层建筑的坚固性，甚至它的存在就会处在危险境地。"[①] 当时，马克思把汇票比喻为上层建筑，把银行券和黄金比喻为基础。今天，压在货币这个基础之上的上层建筑，不只是传统的股票、债券、支票和汇票，还有期货、期权，还有 MBS、CDO和 CDS 等新的金融衍生工具。在 2008 年股票交易额比 $M_1$ 为 4932.15%，股票交易额比 $M_2$ 为 954.34%，债券交易额比 $M_1$ 为 16890.95%，债券交易额比 $M_2$ 为 3268.30%，股票交易额

---

① 马克思.资本论（第 3 卷）[M].北京：人民出版社，1975：451.

比 GDP 为 544.63%,债券交易额比 GDP 为 1865.19%。<sup>①</sup> 可见,今天的基础和上层建筑的矛盾甚至比当年还尖锐。一旦人们从信用主义者转变为货币主义者,信用、信心和信仰发生动摇,怀疑这些有价证券不能增殖,可能贬值,这个上层建筑的坚固性,甚至它的存在,就会处于危险境地。各种有价证券的价值就可能缩水,甚至价值崩溃,金融危机顷刻之间就会爆发。

马克思在《资本论》第二卷中指出:"资本的不断预付和不断流回,就是人们称之为货币流通的东西,这种有用和有成效的流通,赋予社会一切劳动以生气,维持政治机体的运动和生命。人们完全有理由把这种流通比作动物躯体内的血液循环。"<sup>②</sup> 这又告诉当代人,正是那些借贷者和有价证券的买卖者使货币得以流通,促进人类社会的血液永不休止地循环,赋予社会一切劳动以生气,维持政治机体的运动和生命。所以,我们说,有价证券的买卖者是经济发展的推动者。<sup>③</sup> 马克思在《资本论》第三卷中指出:"信用制度加速了生产力的物质上的发展和世界市场的形成;使这二者作为新生产形式的物质基础发展到一定的高度,是资本主义生产方式的历史使命。同时,信用加速了这种矛盾的暴力的爆发。"<sup>④</sup> 这又告诉当代人,金融会推动物质生产的发展,但也会导致经常爆发金融危机,这是不可

---

① 资料来源: U. S. Census Bureau. Statistical Abstract of the United States [M]. 2010.

② 马克思. 资本论(第 2 卷) [M]. 北京:人民出版社,2002:380.

③ 王宝顺. 财政支出与经济增长:基于 VAR 模型的跨国研究 [J]. 贵州财经学院学报,2011:(5):48.

④ 马克思. 资本论(第 3 卷) [M]. 北京:人民出版社,1975:498—499.

抗拒的规律。

　　历史和现实都证明了马克思的金融理论是先进的，是现代的，仍然是指导我们当代人搞经济建设、推动金融发展的理论基础。